编委会

编委会主任：张亚红
编委会副主任：刘耀忠　黄亦工
编委会成员：牛建忠　白　旭　刘明星　陈进勇　谷　媛　陶　涛（以姓氏笔画为序）
编　著　者：陈进勇　吕　洁　张　满

中山公园和人民公园的历史变迁

THE IMPRESSION OF HISTORICAL PARKS
THE HISTORICAL CHANGE OF ZHONGSHAN PARK AND
RENMIN PARK

中国园林博物馆 ◎ 编著

中国建筑工业出版社

序

公园在我国的出现始于近代，由欧洲传入，最初翻译为"公家花园"，是向公众开放的园林形式，打破了封建社会私家园林的局限，体现了社会的进步。中山公园作为中国近代公园的代表，最多时全国有300余座，是民国时期社会建设的重要组成部分。中华人民共和国成立后，人民公园如雨后春笋般地建立，作为新中国社会主义建设的重要象征，现有数量达200余座。中山公园和人民公园的建设不只是历史的巧合，而是中国近代和现代社会对公共园林空间的追求，是社会变革的成果。这些公园的建立无论在当时还是现在，都对人民的生活、城市的建设、社会的和谐进步等起到了积极的作用，有着重要的政治和社会影响力。耳熟能详的如北京中山公园、天津中山公园和人民公园、上海中山公园和人民公园、重庆人民公园、广州人民公园等，均是中国近现代园林的杰出代表。

由于中山公园和人民公园在中国近现代园林历史上的重要性，中国园林博物馆在中国近现代园林展厅中将中山公园和人民公园作为重点，进行了展示。后续又组织研究人员对中山公园、人民公园等近现代园林开展深入研究，进一步收集和梳理相关资料，开展调研，建立数字化展示系统，取得了阶段性的成果。

该书基于研究的成果，对中山公园和人民公园进行了整理和分析，梳理了中山公园和人民公园的建设历史，让人们了解过去尘封的历史，追溯往日的记忆。选择有代表性的中山公园和人民公园，从园林特征和历史文化等方面进行综合分析归纳，让人们了解中国园林，了解园林与人们文化生活的息息相关。该书以专业为基础，叙述简练，图文并茂，可为中山公园和人民公园今后的健康发展提供有益借鉴，同时对其他公园的建设发展也会有所裨益。以史为鉴，以园为鉴，相信该书会给园林工作者和园林爱好者带来有益的启示。

当前，我国各地正在进行园林城市和公园城市建设，公园日益成为人民生活中不可或缺的组成部分，成为城市生态文明建设必不可少的绿色基础设施。中山公园和人民公园的建立之初就是为人民谋福祉，体现公园为人民服务的宗旨，对这些公园进行系统总结，促进健康、有序和可持续发展，满足人们不断增长的对美好生活的需求，是园林工作者的义务和责任。

耿刘同

前言

沧海桑田，时光荏苒，每个时代都在历史上留下了各自的印记，它们或固化到文物中，或留存于史料中，或流传在人们的记忆中。公园是人们广为活动的空间，是城市的重要组成部分，很多人都在公园中留下过难忘的美好记忆。中山公园和人民公园分别是中国近代园林和现代园林的典型代表，数量众多，反映了城市园林建设的成果，很多城市的大型活动在这些公园中举办过，留下了城市的记忆。可以说，中山公园和人民公园给城市、给社会、给个人都留下了难以磨灭的时代印记。

中山公园建立之初，中国还处于半殖民地时期，外国列强横行，社会动荡，民主变革之声日盛，西学东渐，中山公园的建立正是顺应历史发展潮流，以纪念孙中山先生为主旨，让公园服务于民众，服务于社会，体现"天下为公"的民主思想。人民公园的建立则是中华人民共和国建立之初，体现社会主义公有制和人民当家做主的思想，让公园为人民服务，为人们提供休闲娱乐、健身活动之所，为举办社会活动提供公共空间，为改善城市生态环境提供绿色基础。可以说，中山公园和人民公园打破了中国封建社会私家园林的禁锢，实现了园林为公众所享有，其性质是一脉相承的。

中山公园和人民公园由于其独特的政治地位、位置优势、重要的历史和文化价值，以及广泛的社会影响力，成为中国近现代园林的杰出代表，在中国近现代园林发展史上具有里程碑性的意义。中国园林博物馆在中国近现代园林展厅对中山公园和人民公园进行了专题展示，并通过开展"中国近现代园林建设成果数据库的建设与应用""中山公园的历史文化与园林艺术研究""中国园林博物馆环境及特色园林研究"等项目，查阅和整理相关资料，理清中山公园和人民公园的历史和发展脉络，还通过现场调研，掌握第一手资料，分析其园林特征和历史文化，研究开发了"中国近现代园林建设成果系统V1.0""中山公园触摸屏数字化展示系统V1.0"和"人民公园触摸屏数字化展示系统V1.0"，三项成果均获国家版权局计算机软件著作权登记证书。

中山公园和人民公园数量众多，分布范围广，历史变化复杂，其名称和规模等在不同时期均有所变化，错综复杂。中山公园虽然有一些研究成果，但不少中山公园已经消失在历史的长河中，难觅其踪。人民公园建立时间相对较短，尚没有完整的资料，有些县镇的人民公园规模较小，鲜有相关记载。本书基于现有的资料开展研究，选取的例证大多为近些年调研过的公园，力求准确。书中介绍了中山公园和人民公园的意义和功能作用，凸显其独特的历史、社会和生态等价值。梳理了中山公园和人民公园的建设历程，从更名而建、新建及消逝的公园等方面，分析它们的兴衰沉浮，以个例为基础进行分析，从中可窥一斑。同时在对中山公园和人民公园分析的基础上，提出

了存在的问题及后续发展的建议，使其成为人民的乐园、城市的绿肺、历史的见证和文化的阵地。此外，本书还对中山公园和人民公园的数字化展示进行了介绍，通过现代媒体的方式，让人们更好地认识其历史文化和园林特征，了解中国园林的精髓，增强保护意识，促进可持续发展。

在研究过程中，得到了清华大学教授朱钧珍、原厦门中山公园主任林建载、内蒙古农业大学段广德教授等专家和领导的指导和支持，在此表示衷心感谢！由于编著者水平有限，书中主要基于调研的重点公园，对代表性的公园进行了分析总结，从一些侧面反映中山公园和人民公园的建设历程，还不全面，是阶段性的成果，难免会以偏概全。由于历史资料复杂，且公园的面貌在不断变化，有的内容难究其源，难以取舍，书中肯定会存在错误，希望大家批评指正。

中山公园和人民公园每天都在变化，期望越变越好，成为人民美好生活的重要组成部分，成为城市生态文明建设的重要力量，成为国家繁荣昌盛的标志之一。

凡例

一、本书所述的中山公园和人民公园主要指以"中山公园"和"人民公园"命名的两类公园,广东省中山市和香港特别行政区有不止一处中山公园,因此,中山市孙文纪念公园和香港中山纪念公园等以纪念孙中山先生为主的公园也一并纳入。

二、中山公园的建设方式多样,本书选取16处更名而建的中山公园,按照先直辖市,再从地理位置由北到南排序进行介绍。新建的中山公园按照建设时间进行排序,选取18处。这些中山公园占中国大陆现存数量的一半左右,具有一定代表性。

三、中山公园现存数量为历史上的1/3左右,大部分已经消逝,本书对10处易为他名的中山公园(加上太原、保定为12处)的历史进行了梳理,并对10处已经消逝的中山公园历史进行了介绍,还对现已不存的28处中山公园进行了简述。从中可以了解中山公园的历史。

四、人民公园部分,选取13处更名而建的人民公园,基本按照重要性和地理位置临近的原则从东到西进行介绍,新建的人民公园按照建设时间进行排序,选取28处。并对14处易为他名的中山公园的历史进行了梳理。

五、各公园的选择注重代表性,主要从历史、文化、功能分区和园林特征等方面进行介绍,以了解其主要时代特征,并选取有代表性的图片予以说明。

六、中山公园和人民公园的数字化展示技术相似,相同的技术在中山公园部分叙述后,不在人民公园部分进行阐述。

目录

序
前言
凡例

第一章　中山公园的建设和发展

　　第一节　中山公园的意义和作用 ～～～～～～～～～～～～～～～～～～005
　　　　一、中山公园的特点　005
　　　　二、中山公园的意义　009
　　　　三、中山公园的功能与作用　010

　　第二节　中山公园的建设 ～～～～～～～～～～～～～～～～～～～～～013
　　　　一、更名而建的中山公园　014
　　　　二、新建的中山公园　037
　　　　三、易为他名的中山公园　060
　　　　四、消逝的中山公园　065

　　第三节　中山公园的纪念特征 ～～～～～～～～～～～～～～～～～～～077
　　　　一、孙中山的纪念符号　077
　　　　二、时代的纪念烙印　095

　　第四节　中山公园的传承发展 ～～～～～～～～～～～～～～～～～～～099
　　　　一、中山公园的兴衰　099
　　　　二、中山公园存在的问题　102
　　　　三、中山公园的发展展望　103

第二章　人民公园的建设和发展

　　第一节　人民公园的意义和功能 ～～～～～～～～～～～～～～～～～～108
　　　　一、人民公园的建设意义和价值　108
　　　　二、人民公园的功能　116

　　第二节　人民公园的建设 ～～～～～～～～～～～～～～～～～～～～～137
　　　　一、更名而建的人民公园　137

二、新建的人民公园　158
　　三、易为他名的人民公园　187
　　四、人民公园的变迁分析　196

第三节　人民公园的发展展望 ~~~~~~~~~~~~~~~~~~~~~~~~~~~~~~~197
　　一、人民公园的建设发展阶段　197
　　二、人民公园的展望　199

第三章　中山公园和人民公园的数字化展示

第一节　中山公园的数字化展示 ~~~~~~~~~~~~~~~~~~~~~~~~~~~~~~~204
　　一、数字化展示内容构成　204
　　二、数字化展示设计原则　205
　　三、数字化展示界面设计效果　205
　　四、数字化展示效果实现　209

第二节　人民公园的数字化展示 ~~~~~~~~~~~~~~~~~~~~~~~~~~~~~~~217
　　一、数字化展示内容构成　217
　　二、数字化展示设计原则　217
　　三、数字化展示界面设计效果　218
　　四、数字化展示系统　224

第三节　中山公园和人民公园的数据库建设 ~~~~~~~~~~~~~~~~~~~~~~~227
　　一、中山公园和人民公园研究资料数据库建设　227
　　二、中山公园和人民公园建设成果专题展示　227

第四章　结语

　　一、中山公园和人民公园的分布　234
　　二、中山公园和人民公园的建设方式　234
　　三、中山公园和人民公园的历史渊源　235
　　四、中山公园和人民公园的特点　236
　　五、中山公园和人民公园的展望　237

参考文献　240

公园是随着城市化进程，满足公众游憩、观赏等需求而产生的。《中国大百科全书·建筑园林城市卷》中将公园定义为：城市公共绿地的一种类型，由政府或公共团体建设经营，供公众游憩、观赏、娱乐等的园林，有改善城市生态、防火、避难等作用。《园林基本术语标准》CJJ/T 91—2002中指出，公园是供公众游览、观赏、休憩，开展户外科普、文体及健身等活动，向全社会开放，有较完善的设施及良好生态环境的城市绿地。

公园的类型多样，命名也各具特色，能反映出时代的特征，如"中山公园"大多是为纪念孙中山先生而建立的公园，还有众多的"人民公园"基本是在中华人民共和国成立后，体现人民当家做主而更名或建立的公园，与"人民广场""人民路""人民法院""人民出版社""人民日报""人民剧院""人民币"等类似，均具有时代和纪念意义。

孙中山先生是中国伟大的革命家、政治家和理论家，是近代民主主义革命的先行者。1925年3月12日孙中山先生在北京逝世，为缅怀和纪念他对中国革命作出的巨大贡献，全国各地陆续出现了大量的中山公园。有的是将原有公园更名为中山公园，有些地方新建中山公园，最多时全国有300多座，现在全国约有90座。不少地方的中山公园是所在城市最早兴建的公园，有的是所在城市面积最大的公园，在城市建设中具有重要的地位。中山公园不仅为公众提供休闲娱乐和健身的场所，还是纪念孙中山先生的一种空间表现形式，具有教育和文化宣传的作用，是中国近代公园建设的重要成果。

1949年中华人民共和国成立后，为了给人民群众提供游览、休憩的场所，各地人民政府将私家园林等之前相对封闭的园林经过修整向人民群众开放，并通过挖湖堆山、植树造林等工作改建或兴建了大批城市公园，有的就命名为人民公园。兴建人民公园是中华人民共和国成立之初，中国共产党在全国范围内开展社会主义改造的举措之一。在社会主义国家，人民是国家的主人，一切国家权力都属于人民。人民公园的出现，代表公园的性质是为广大人民群众服务，为人民群众所有，标志着人民群众的地位和权力，也体现出新中国"为人民服务"的理念。因此，中华人民共和国成立后，人民公园如雨后春笋般在全国范围内大量出现。

第一章 中山公园的建设和发展

CHAPTER ONE

中山公园是为了纪念孙中山先生而命名的公园。1925年3月12日孙中山先生在北京逝世，为缅怀和纪念他对中国革命作出的巨大贡献，全国各地出现了各类以孙中山先生名字命名的纪念物，如中山陵、中山纪念堂、中山大学、中山医院、中山图书馆、中山公园、中山植物园、中山路、中山林等，可见其在人们心目中的崇高地位。建立中山公园就是纪念孙中山先生的较好形式。

作为近代民主主义革命的先行者，孙中山先生为革命奔波于国内外，进行了无数次的革命活动，他领导的民主革命推翻了中国几千年的封建王朝统治，开辟了一个新的时代。孙中山先生在林业、水利、城市建设等方面都有着独特的见解和贡献，他强调，林业关系国计民生，须由国家来经营，并提倡政府设立管理林业的专门机构，从行政上确保植树造林工作的开展。他提出，种植森林是防水灾的治本方法，将江河治理与航运业、农业、水力工业的发展结合起来考虑和规划，通过江河、水道的修治促进航运业、农业、水力工业的发展。在他看来，广州"附近景物，特为美丽动人"，若"建一花园都市，加以悦目之林圃，真可谓理想之位置也"。他还把改善卫生状况作为城市治理的重要内容，力图通过城市自治促进城市卫生条件的改善，增强人民体质，并提出发展交通运输作为推进中国城市化的基础。

孙中山先生的革命足迹遍布大江南北和海内外，奔波各地进行演讲，开启民智，将全部身心投入在革命事业上，著有《建国方略》《建国大纲》《三民主义》等著作。在其逝世后，不少他昔日亲临的地点成为中山公园园址的建设地。孙中山先生所踏足的很多地方，在他逝世之后建设中山公园，不仅仅是对孙中山先生本人的纪念，同样也饱含了对无数在革命战争中牺牲的先驱、烈士们的纪念与缅怀。1928年，国民政府还将孙中山先生逝世的日期——3月12日作为全国植树节，提倡全民植树以资纪念。

第一节
中山公园的意义和作用

中山公园是中国近代园林发展史上一个特殊的现象，早期建立的中山公园迄今有百年历史，作为历史文化名园被当地政府列为文物保护单位，具有里程碑性的意义。中山公园的建立、建设和发展是中国近代园林历史的缩影，体现城市文化和时代风貌，依然保存下来的众多中山公园往往是所在城市历史悠久、影响深远的公园，是城市历史文化和社会记忆的载体，因此中山公园的历史文化具有意义深远的时代价值。

一、中山公园的特点

中山公园的建设受所处时代背景的影响，具有鲜明的特点，他不仅是娱乐休闲公园，还是纪念性公园，承载着城市发展和人民生活的历史记忆。

（一）历史悠久，文化内涵丰富

不少中山公园是历史名园，银川中山公园的园址曾是西夏王朝的李元昊宫，明代为兵马营房，清代为绿营兵的兵马场，1929年在废址上建中山公园，现保存有清代的文昌阁（图1.1-1）、明钟、铁牛、武穆诗碑等，能让人回忆以往的历史。北京中山公园原为明、清两个朝代的社稷坛，1914年在朱启钤的倡导下作为公园对社会开放，命名为中央公园，1928年更名为中山公园，现保存有社稷坛、青云片等历史文物和辽代侧柏等古树名木，是全国重点文物保护单位。很多名人都在中山公园留下了足迹，如1918年李大钊在北京中山公园发表过著名的"庶民的胜利"演说，孙中山先生曾两次在天津中山公园发表过演讲。可见中山公园蕴含的历史文化内涵非常丰富。

（图1.1-1）银川中山公园文昌阁

（二）时代特色明显，园林风格突出

中山公园内有孙中山像、中山纪念堂、纪念馆、纪念碑、纪念亭等各类纪念性建筑物，还有诸如"天下为公"、三民主义等表现孙中山思想的匾额题字、石刻等，体现出时代的特色。青岛中山公园还种植了"孙文莲"，是1995年5月3日中日缔结友好城市的第十五个纪念日，由日本友好协会会长在青岛中山公园内栽植的。

中山公园由于建设时间、背景和所处地域各异，园林风格也呈现多样化。北京中

山公园是中国传统园林的代表之作,其前身为建于明、清两朝社稷坛基础上的中央公园,由朱启钤先生发起改建。按照中国园林的格局布置,保留了原有的社稷坛、拜殿(今中山堂)、墙垣和古柏等,新建了唐花坞、长廊、水榭、来今雨轩、松柏交翠亭等古典园林建筑,并迁建了"习礼亭""兰亭八柱碑亭""公理战胜"(今"保卫和平")坊等,还将圆明园遗石"搴芝""绘月""青云片"等珍贵太湖石移迁进公园中,河北大名府一座古刹遗存的一对石狮也被移进公园(图1.1-2),枯柏旁种植的紫藤也形成一景。整体园林风格承袭传统,与故宫相融合,是中国传统园林的典型代表之一。

(图1.1-2) 北京中山公园宋代石狮

上海中山公园最初是英国商人霍格的私家花园——兆丰花园，后由公共租界工部局购买而建造成租界公园，称极司菲尔公园。1944年为纪念孙中山先生而易名为中山公园。公园保存了北门英式建筑、英式大理石亭、大石桥、旱桥、古悬铃木等历史遗迹，呈现英式园林自然疏朗的风格，以大树、草坪、山林、水面等如画式景观为特色。同时还辅以中国传统园林、日本式园林等风格，原有景观特色保存较为完整。

（三）生态环境良好，人文气息浓郁

中山公园是城市生态环境的重要组成部分。一些中山公园选址于自然山地，如中山市中山公园位于烟墩山，占地面积约9公顷，是一座天然的山林公园。浙江奉化中山公园位于锦屏山，温州中山公园背靠积谷山，杭州中山公园位于西湖边上的孤山，风景优美。有些中山公园则利用中国传统造园手法在平地上挖湖堆山，如宁波中山公园、漳州中山公园、佛山中山公园。厦门中山公园则利用原有的魁星山、魁星河、廖花溪，将水系引入公园（图1.1-3），形成良好的生态环境。

（图1.1-3）厦门中山公园水系

为宣扬三民主义的理想，民国时期进行了大规模的中山公园建设运动，运用修建中山公园的行为宣扬孙中山先生的民族精神，向人们传播三民主义的意识形态，成为表达民族主义的空间。随着历史的发展，中山公园保留下了不同时代的烙印和历史遗产。漳州中山公园除建有中山公园纪念亭、孙中山雕塑外，还有闽南护法纪念碑、闽南革命烈士纪念碑、漳州解放纪念亭等，留下了不同时代的人文记忆。

二、中山公园的意义

中山公园作为历史上同名数量众多的公园,在中国近代园林发展史上具有里程碑的意义,有着重要的艺术价值、社会文化价值和文物保护价值。

1. 中国近代历史的反映

早期的中山公园历史超过百年,真实地反映了中国公园的曲折发展历程,折射出中华民族的近代历史和命运。如青岛中山公园是青岛市历史最久的综合性公园,其前身为德国占领时的植物试验场,始建于1901年。日本于1914年占领青岛,1915年改建为公园,称为"旭公园"。中国于1922年收回青岛主权,1923年改称为"第一公园",1929年为纪念孙中山先生又更名为"中山公园"。沈阳中山公园原为1924年日本侵占时期建造的"千代田公园",抗日战争胜利后,1946年为纪念孙中山先生将其改名为"中山公园"。上海中山公园最初为1863年英国商人霍格建造的私人花园——兆丰花园,1914年工部局收买后建成租界公园——兆丰公园,并不对华人开放,直到1928年才允许华人进入,1944年更名为中山公园。从中山公园的更名可间接反映近代中华民族反帝反封建的历程。

2. 中西园林艺术的体现

中山公园最初的建设处于中国社会和思想深刻变革的时代,西方自由民主的思想影响到公园的建设,使其风格多样。借助先进的建筑技术和精湛的造园手法,建造了不少中西合璧的园林佳作。如武汉中山公园的四顾轩(图1.1-4)建于1935年,由留英归国的工程师吴国柄设计,为罗马式石混结构建筑,分为上下两层,全部为方形花岗

(图1.1-4)武汉中山公园的四顾轩

岩砌成。四顾轩前方有一座小山，凹处建有月门洞，穿过洞门便是岳北峰叠石喷泉，假山的石缝中安置有一座仿欧式风格的东方少女汉白玉石雕。最后在轴线北面设有一座直径约10米的欧式喷水池，其中筑有三层叠水盘，最上一层立有浴女雕塑。四顾轩周围为十几个呈几何图形的花坛，呈现出典型的西方风格的园林形式。

3. 城市文化底蕴的体现

公园是近代城市的重要组成部分，不少地方的中山公园是所在城市最早兴建的公园，有的是所在城市面积最大的公园，有的甚至是所在地唯一的公园，从中可以看出中山公园在城市建设中的重要地位和意义。汕头中山公园是汕头市现存建园最早、规模最大的综合性公园；武汉中山公园的前身即是"汉口第一公园"；惠州中山公园有着"惠州第一公园"的美誉；始建于1928年的北海中山公园是北海市历史最为悠久的公园。"倘无公园为调节，则精气潜消而民族或流于脆弱"，因此，厦门在1927年建设中山公园后，又相继建成虎溪、延平、太平、醉仙等多处城市公园，增添了城市文化内涵。可见，中山公园在当时的园林建设中起着引领作用。

三、中山公园的功能与作用

孙中山先生逝世近百年来，中山公园的数量曾快速增长，后逐渐减少，现代仍有增建，至今仍存90余座，反映出强大的生命力，这与其所起的功能和作用密不可分。

1. 开放性公园绿地

中山公园的属性是公园，其本质是面向大众开放服务的场所，是各民族、各阶层、各行业人所共有的财产，体现出社会的自由、民主和公平。近代以来，随着国外公园的概念传入中国，公园被民国政府作为园林的主要发展形式，满足公众对文化生活的需要，中山公园的建立正是迎合了社会文明发展的需求，因而能延续至今。始建于1928年的佛山中山公园由政府拨款和社会各界捐资共同兴建而成，是佛山市第一个正式向百姓开放的公园，已成为公众集会以及健身休闲的主要场所，是市民和社会活动的公共空间（图1.1-5）。

2. 休闲娱乐健身的场所

中山公园作为公园的基本功能是为公众提供休闲娱乐和健身的场所。北京中山公园的前身中央公园，是中华民国历史上向市民开放的京畿第一座公园，《中央公园开放章程》的第一条中就明确规定其为"京都人士游息之所"。北京中山公园的茶座是"当作休息、闲谈、看书、写东西、会朋友、洗尘饯别、订婚、结婚宴请客人的好地方"。鲁迅先生多次来园，仅《鲁迅日记》中记载即达60次。园内还建立了行健会——北京第一所公共练习中国武术的会所，并在外坛东门内开辟了体育场，提倡市民锻炼身体。

（图1.1-5）佛山中山公园的市民活动

后来又修建了儿童体育场、溜冰场、球房等。正如梁启超先生所说"一日不到公园，则精神混沌，理想污下"，可见公园在人们日常生活中的重要作用。

在汉口，留英归国的吴国柄"把在欧洲社会上看到的搬回中国"，他为汉口中山公园设计了广阔的运动场地，辟有儿童运动场、溜冰场、游泳池、骑马场、足球场、篮球场、排球场、网球场等，并配备了看台、休息室和男女西式、中式厕所若干。1933年又在园东北的空地添建一座足球场和一座田径场，几乎使园地面积增大一倍。东部扩建后，原来的普通运动场被改建成小型高尔夫球场。中山公园既营造了湖山风景和几何式园林，又配备了丰富多样的运动场地和设施，并且免费开放，让市民们有地方、有兴致来积极活动。原来抽鸦片、打麻将的人，改掉了旧习，也开始到公园散步、划船、健身。"公园有大湖可以划船，陆地有足球、篮球、网球、跑道、动物园、骑马场、溜冰场、儿童游乐场，设备齐全""花没人摘，没人随地大小便了，人民接受日常生活教育，井井有条"。"公众"和"健身"这些传统园林中未曾有过的理念，在武汉（汉口）中山公园里得到了很好的体现。

厦门中山公园作为近代厦门的第一座城市公园，受到西方公园建设理念的影响，园内设有运动场、动物园和影剧院等。可见，中山公园从建立之初就将休闲健身作为其基本功能。

3. 爱国主义教育和科普教育的基地

中山公园作为纪念孙中山先生的一种空间表现形式，建有孙中山像、中山纪念堂或中山亭等纪念物，通过对市民日常生活的渗透而达到教育功能。不少中山公园与孙中山先生有着深厚的历史渊源。如天津中山公园（原河北公园），1912年8月24日，孙中山先生应袁世凯之邀北上共商国是，在公园发表过即席演讲，1923年10月，孙中山先生再度巡视公园，公园的名称即是为纪念他而改的。1920年10月19日，孙先生在江阴中山公园（原江苏学政衙署后花园）桐梓堂发表过演讲——"叫全国的文明从江阴发起"。韶关中山公园曾是孙中山先生1922年5月和1924年9月举行誓师大会的会场。

中山公园还通过烈士纪念碑、牌坊、格言亭等来教化民众与鼓舞民心，甚至通过在公园内建陈列所、影剧院、图书室、书画展室等向人们宣传新文化，重塑国民的教育空间。1918年北京东单路口北的克林德石牌坊移至中山公园正门内，改名"公理战胜"牌坊（今"保卫和平"牌坊），鼓舞民心。

中山公园曾发生过很多重要事件，需要人们去回味历史，接受教育。周恩来于民国4年（1915年)在天津中山公园为天津救国储金募捐大会演讲。济南中山公园在中华民国时期是当地民众最主要的革命集会地点，通过集会力量，以大众舆论向政府施压，向侵略者抗议。中山公园积淀的历史文化记忆，形成了一个特殊的历史记忆空间，成为民族记忆的重要场所。

第二节
中山公园的建设

中山公园的兴起有着特殊的时代背景，反映了孙中山先生的崇高威望和当时的社会意识形态与价值观。孙中山先生逝世后第三天，江苏省公团联合会等团体就提议在南京紫金山建中山公园。1925年3月16日，"中华民国"各团体联合会建议"建设上海中山公园并铸铜像以留永久纪念"。3月26日，国民党北京市党部在致各地同志函中建议"在北京、上海、汉口、广州及各大城市创立中山公园及图书馆"。北京公祭仪式上出现一副挽联：

心系民国，言系民国，行系民国，民国常存；
山名中山，城名中山，园名中山，中山不朽。

1925年汕头筹建中的中央公园改名为中山公园，1926年举行奠基仪式，1928年8月28日举行了中山公园开幕典礼，正式开放。1928年，孙中山逝世后举行公祭大会的北京中央公园更名为北京中山公园，曾作为灵堂的拜殿改名为中山堂。天津、青岛、济南、汉口、江阴、惠州、上海等地的一些城市公园也改称为中山公园。如上海青浦的曲水园改名为中山公园，广东省乐昌市将原昌山公园改为中山公园，江西省萍乡市将士绅所建公园改为中山公园，湖北省宜都市国民党驻军甚至将私家园林卢园改建并改名为中山公园。通过原有公园更名为中山公园，能很快实现纪念孙中山先生的愿望。

有些地方还特意新建中山公园以资纪念，如宁波在1927年召开中山公园建设筹备大会，款项全由募捐而来，1929年秋落成；厦门中山公园于1927年由华侨集资而建，历时4年而成；始建于1928年的佛山中山公园也是组织社会各界募捐而建成；荆州中山公园从1933年11月到1935年4月建设而成。还有温州、龙岩、保安（深圳）、江门、龙州、北海等地都相继建设了中山公园。通过修建中山公园来纪念孙中山，宣扬孙中山先生的民族精神和"三民主义"理想，通过中山公园命名而使孙中山先生之名不朽。

根据史料记载和初步统计，民国时期全国各地曾出现309座中山公园，后来由于社会动荡、经济萧条、外敌入侵等原因，有的中山公园逐渐消逝，现存近90座。新时期建设的中山公园主要有澳门纪念孙中山市政公园、香港中山纪念公园、中山市孙文纪念公园等。广东省中山市是孙中山的故乡，1946年在烟墩山建有一座中山公园。随着城市的发展，1994年6月又在中山市区动工兴建孙文纪念公园，更好地突出了纪念孙中山的主题,成为城市重要的景观节点和开放空间。香港在屯门区已建有中山公园,后又利用香港岛西营盘海底隧道通风口,在干诺道西路建中山纪念公园,2008年3月动工建设,2010年6月26日建成开放。

现将部分更名而建、新建以及易为他名的中山公园和已经消逝的中山公园予以介绍。

一、更名而建的中山公园

1. 北京中山公园

北京中山公园位于北京天安门西侧,原名中央公园,是1914年在明清社稷坛基础上辟建的公园,经民国政府批准定名为中央公园,是北京市内近代史上第一个对市民开放的皇家坛庙园林。1925年3月12日,孙中山先生在北平逝世,其灵柩由协和医院移放到园内拜殿正中,并举行公祭活动。4月1日,先生灵柩移至碧云寺。1928年,为纪念孙中山先生,中央公园改名为中山公园,拜殿更名为中山堂,内设孙中山先生汉白玉雕像及展览。1986年在保卫和平坊后立孙中山先生铜像。

中山公园所在地,辽代建有兴国寺,元代扩建为万寿兴国寺,明永乐十八年(1420年)建社稷坛,1914年开辟为中央公园,1928年改名为中山公园。公园面积23.8公顷,园内历史遗存丰富,仍保留着辽代古柏(图1.2-1)和槐柏合抱等古树名木,枝干苍劲,成为北京古都历史的见证物。园内有社稷坛、拜殿(中山堂)、来今雨轩(图1.2-2)、唐花坞、长廊、水榭、石牌坊等古典园林建筑,有习礼亭、兰亭八柱亭、松柏交翠亭、投壶亭、格言亭等名亭,还有青云片(图1.2-3)、绘月、寨芝等名石,古柏森森,梅兰飘香。是全国重点文物保护单位、国家重点公园、国家AAAA级旅游景区。

习礼亭为单檐攒尖六角亭(图1.2-4),黄琉璃瓦屋面,原址在正阳门内兵部街鸿胪寺衙门内,建于明永乐十八年(1420年),1915年移建到中央公园。兰亭八柱及兰亭碑亭(图1.2-5)因亭内置有兰亭八柱和兰亭碑而得名。兰亭八柱及兰亭碑均为清代圆明园四十景之一"坐石临流"中兰亭的遗物,为清高宗御制。保卫和平

(图1.2-1)北京中山公园古柏

（图1.2-2）北京中山公园来今雨轩

（图1.2-3）北京中山公园青云片

（图1.2-4）北京中山公园习礼亭

坊为青白石牌坊,宽17米,高10.9米,镌刻有郭沫若题写的"保卫和平"四个鎏金大字(图1.2-6),牌坊原是东单大街的"克林德牌坊"。1903年,清政府按照德国要求,在东单北大街上建了一座与街同宽的克林德牌坊,1918年第一次世界大战结束,德国成为战败国,牌坊移建到中央公园内,改为"协约公理战胜牌坊"。1952年10月在北京召开了亚洲及太平洋地区和平会议,大会决定将该牌坊易名为"保卫和平坊"。

(图1.2-5)北京中山公园兰亭八柱碑亭

(图1.2-6)北京中山公园保卫和平坊

2. 天津中山公园

天津中山公园位于天津市河北区中山路，原名为1912年命名的河北公园。1902年袁世凯在思源庄旧址辟建公园，最初以创办劝业会场为名征地，1907年竣工，1912年更名为河北公园。1912年，孙中山先生曾在该园发表重要演说，公园也因此而闻名。在孙中山先生宣布联俄容共的第一次国共合作期间，周恩来同志于1915年为天津救国储金举行募捐大会，曾到过公园登台演讲，号召国民振兴国家经济，绝不做亡国奴。公园成为近代中国的一个请愿集会的场地，较为著名的有，清宣统二年（1910年）12月，天津资产阶级掀起立宪请愿热潮，李大钊以学生身份参加了请愿。1919年6月9日，天津各界人士在公园举行大会，声援北京爱国学生的"五四运动"，要求取消丧权辱国的"二十一条"。1928年北伐战争胜利后，为纪念孙中山先生，河北公园更名为中山公园，并在园内土山植树，名为中山林，山上小亭取名中山亭。

公园于1996年立《中山公园记》碑，镌刻了孙中山先生1912年的演讲词。2006年立孙中山先生铜像于公园广场。园内还保存有魏士毅女士纪念碑（图1.2-7）、十七烈士纪念碑等，现列为天津市级重点文物保护单位。

中山公园现占地面积2公顷，分为下沉式广场区、碑林展示区、红色历史教育区、中山铜像区、客服健身区等部分，中心以规则式十字形道路为骨架布局，四周为自然式道路。园中亭廊楼台，古朴典雅，大门和六角亭均为红柱、黄色琉璃瓦、彩画（图1.2-8），为中国传统样式。植物配置和山石呈自然式，小路蜿蜒迂回、曲径通幽。

（图1.2-7）天津中山公园魏士毅女士纪念碑

(图1.2-8) 天津中山公园六角亭

3. 上海中山公园

上海中山公园位于上海市长宁路,于1944年由兆丰公园更名而成,最早为英国商人霍格(E. J. Hogg)于1863年建造的私人花园——兆丰花园。1914年,工部局收买兆丰花园建造租界公园,称为极司菲尔公园(Jessfield Park)。公园内有一块刻着霍格名

字的英文简称"E.J.H"和"兆丰洋行"四个中文繁体字的界石，是兆丰花园的地界标志。公园在1914~1928年将华人挡于园外，直至1928年6月才对华人开放。

上海曾是孙中山先生长期居住之所，他在法租界等多地居住，并在上海当选临时大总统。为纪念孙中山先生，1944年6月，兆丰公园更名为中山公园。

中山公园占地面积20.9公顷，以中部旱桥为界，南部宽敞开阔，以草坪和水面为主，集英式自然风景园林、日式园林及中国传统园林风格于一体；北部紧凑，主要展示各种花卉植物，有牡丹园、月季园、桃花林、水杉林、樱花林等园区，中西园林风格和文化相融合。西部设有儿童游乐区和健身文化展示区，可满足人们健身、休闲、游乐等不同要求。

公园在百余年的建设中，保持了最初大树、草坪、山林、水面的开阔疏朗景观（图1.2-9），公园西北部有一株堪称华东地区之最的悬铃木，据记载为霍格于1866年植于园内，现树高35米，胸径达1.75米，冠幅达31米，历经150余年的沧桑岁月，依然巍然屹立，成为公园的一大景观"独木傲霜"（图1.2-10）。园内现存有北门英式建筑、英式大理石亭、大石桥、旱桥等历史遗迹，其中大理石亭为西方古典主义园林建筑（图1.2-11），前部四柱敞开，宽台阶，大平台，后部为相对封闭的半圆形券廊，亭内为两座汉白玉的西方女性雕像，亭上紫藤攀爬，后面龙柏掩映，成为公园一景"石亭

（图1.2-9）上海中山公园的大树草坪景观

（图1.2-10）上海中山公园古悬铃木

（图1.2-11）上海中山公园大理石亭

夕照"。"四不像"雕塑原来在上海公共租界"华人公园"内，后迁移至中山公园，雕塑似鸟非鸟，似兽非兽，头顶圆盘，外貌奇特（图1.2-12）。公园内还有一座铜亭（图1.2-13），由8根圆柱支撑，上部为尖顶圆形，酷似帽子，周围绿篱环绕，上面香樟遮蔽，环境清幽。

（图1.2-12）上海中山公园"四不像"雕塑

（图1.2-13）上海中山公园铜亭

上海中山公园形成了银门叠翠（公园南门）、花墅凝香（牡丹园）、水榭絮雨（陈家池）、绿茵晨晖（大草坪）、芳圃吟红（月季园）、双湖环碧（鸳鸯湖）、荷池清月（荷花池）、林苑耸秀（山水园）、石亭夕照（大理石亭）、独木傲霜（大悬铃木）、虹桥蒸雪（大石桥）、旧园遗韵（后园门）等十二大园林景观。"荷池清月"是1937年堆造西山时挖出的荷花池塘，呈月牙形，背靠西山坡，面对草坪，坡上为黄杨造型的"中山公园"四个大字，池中荷花摇曳，成为公园的一大景观（图1.2-14）。

（图1.2-14）上海中山公园"荷池清月"景观

4. 沈阳中山公园

沈阳中山公园位于辽宁省沈阳市和平区南京南街，1946年，由千代田公园更名为中山公园，以纪念孙中山先生。千代田公园是日本占领东北三省建立伪满洲国时期，于1924年在沈阳建立的第一座公园，禁止中国人入内。日本投降后，于1946年更名为中山公园。

沈阳解放后，政府多次对公园进行维修改造。1986年11月在公园广场上建孙中山先生铜像，并建有孙中山纪念馆。1998年，改扩建了园中园，修建了绿廊和小桥。2005年拆除围墙和大门，免费开放，2008年又进行了大规模改造建设。

中山公园现占地面积18.9公顷，主要有中山像广场、凹低广场、苏园、小东湖湿地、沉池喷泉广场、沙滩式儿童游乐区、文化长廊、露天剧场等分区。中山像广场和孙中山纪念馆体现了对孙中山先生的纪念主题。凹低广场为休闲生态广场，以生态绿地为主。沉池喷泉广场有音乐喷泉，为水漫旱地结构。沙滩式儿童游乐区设置有沙坑、废旧轮胎改成的秋千、攀爬架等游乐设施。文化长廊内设有画展、书法等橱窗，露天剧场是举办各种活动的场所。利用叠山、筑池、造溪（图1.2-15）等造园手法，结合原有地形和植物，成为集生态、景观、文化和游憩为一体的综合性公园。

（图1.2-15）沈阳中山公园山溪

5. 大连中山公园

大连中山公园位于辽宁省大连市沙河口区东部，1945年11月由圣德公园更名而成。园址为刘家屯小山头，1911年，日本建筑商在山头建圣德公园，供奉圣德木雕像，供其眷属祭祀朝拜。1945年旅大光复后更名为中山公园，以纪念民主革命之胜利。

中华人民共和国成立后，大连市政府多次修葺中山公园，并请老舍夫人胡絜青为公园题写园名。1956年，省政府拨款修建麒麟舞台和小亭5处。1983年5月，日本为纪念舞鹤市与大连市缔结友好城市一周年，赠13级白塔。1993年又在白塔西侧立"友谊长存"纪念碑。1999年，日本九州市市长莫吉兴一赠碑，纪念与大连市缔结友好城市20周年。2003年公园改造时矗立孙中山先生雕塑。

（图1.2-16）大连中山公园友好亭

中山公园现占地11公顷，包括健身活动区、自然景观区和人文景观区，是一座集健身、休闲、娱乐、观赏、纪念等多功能为一体的开放式生态森林公园。公园广场上矗立着孙中山先生的铜像，碑座上刻"天下为公"，背后为常绿的柏树和雪松。友好亭为八角形出檐建筑，立于高台之上，色彩非常醒目（图1.2-16）。还有敬贤亭、白塔等建筑，与樱花、丁香等植物搭配，生态景观环境良好。

6. 青岛中山公园

青岛中山公园位于山东省青岛市市南区文登路,1929年由青岛第一公园改名而成。园址所在地是"会前村"遗址,1898年德国租借胶州湾,威逼清政府租借青岛后,收购该村土地,辟为植物试验场。1901年公园已经形成一定规模,对外开放,取名为森林公园。1914年日本取代德国侵占青岛,将公园更名为会前公园、旭公园。1922年中国收回青岛主权,后改称青岛第一公园。1929年为纪念孙中山先生,定名为青岛中山公园。

公园三面环山，南向大海，占地面积73公顷，其中水面3.7公顷。湖光山色景区（图1.2-17）以自然山水及植被为主，在枫林涧溪谷种植鸡爪槭、水杉等树种。小西湖湖面建湖心亭和九曲桥，并广植荷花，周围环植垂柳。孙文莲池内种植着"孙文莲"，池边有莲蓬和莲子雕塑。2001年中山公园建园100周年之际，在孙文莲池对面矗立一尊孙中山先生石质雕像。园内有德式建筑，还辟有梅花园、樱花园、桂花园、牡丹园、月季园、玉兰园等专类园，融合中西风格，自然与人文并重，历史与现代共存，是包容性很强的综合公园。

（图1.2-17）青岛中山公园湖光山色景区

7. 济南中山公园

济南中山公园最初为商埠公园,位于山东省济南市经三路,始建于清光绪三十年(1904年),是济南市最早的公园,后称济南公园。1925年3月12日,孙中山先生病逝,济南人民于4月4日在公园内召开追悼会,大会筹委会及国民党人士护送孙中山先生遗像至公园安放,连续三天祭奠者达10万余人。公园内摆满了各机关、学校、商号的挽联,其中一幅写着"五洲共仰移山填海革命家,举国同悼尽瘁为国开路人"。为纪念孙中山先生,济南公园改名为中山公园,园内建有假山、茅亭、六角亭、四照厅、船厅、动物园、花圃等景点。1951年,中山公园改称人民公园。1986年11月12日,又恢复中山公园名称。2008年在公园广场上立孙中山先生铜像,碑座上有国父遗嘱等文辞,并在长廊内辟孙中山先生生平展。

公园占地面积3公顷,总体分为三个区域,中区以假山水池为主体,临池建流音水榭、神游亭、揖风亭和汀步桥。云洞岭依池而建,是用大量的太湖石堆叠而成的土石山(图1.2-18),峰岭连绵,山道盘旋,峭壁林立,山上林木茂盛,石间扶芳藤等植物攀缘悬垂,有真山之趣,岭上建朝华亭,适合游览观赏。东区建古旧书文化广场,作为文化交流场所,举办各种艺术展和交流会。西区建有演艺台、健身广场、阅览长廊。

公园内地形起伏,丘壑幽深,峰峦耸立(图1.2-19),藤萝纷披,树木繁茂,有自然山林之感。是集游览、休闲、健身、文化于一体的综合性公园。

(图1.2-18)济南中山公园云洞岭

（图1.2-19）济南中山公园飞流峰

8. 武汉中山公园

武汉中山公园位于湖北省武汉市汉口解放大道，1982年由汉口第一公园更名而成。公园最初为汉口"地皮大王"刘歆生的私家花园，名曰西园，始建于1910年。后来，刘歆生为了笼络湖北军政府财政厅李华堂厅长，将花园赠送给李华堂。1927年收归国有后，定名为汉口第一公园。1928年更名为中山公园。

1928年留英归国的工程师吴国柄主持中山公园的修建，建总理纪念堂，同年10月10日正式对外开放，当时汉口特别市政府许多政务和外事活动均在纪念堂举行。1930年建假山水池，1933年建日晷，1935年，建造了罗马式石混建筑四顾轩，周围为十几个呈几何图案的花坛，花坛边缘为修剪整齐的绿篱（图1.2-20）。同年，为纪念清朝湖广总督张之洞，建张公亭，亭为四层圆形拱顶欧式建筑（图1.2-21），亭内有张之洞半身大理石塑像。

公园建成后，许多具有重大历史意义的活动，都在公园内举行。1938年时任国民政府军政委员会政治部三厅厅长郭沫若和田汉等同志在公园内组织万人抗日歌咏活动，冼星海、张曙任指挥，抗日歌声震撼武汉三镇。1945年9月18日，国民党第六战区孙蔚如司令长官在中山公园举行受降仪式，代表中方接受日军华中区战区司令长官冈部直三郎率21万部属投降，并立"受降碑"，将张公祠改为临时受降堂。中华人民共和国成立后，中山公园进行了重新规划和扩建，在广场上增建了孙中山和宋庆龄雕像、大型音乐喷泉等景观。

中山公园占地面积32.8公顷，经过百余年的建设改造，形成布局合理的前、中、后三区。前区为园林景观区，主要有双龙桥、棋盘山、啸谷流泉、四顾轩、茹冰、湖心亭（图1.2-22）、深秀亭等。棋盘山位于主入口，以太湖石和片石堆砌而成（图1.2-23），曲径峰回，错落有致，可登可望，该假山建造于1913年前后，占地面积约1000平方米，是武汉历史悠久的假山。中区是以孙中山与宋庆龄雕像为主题的广场观览区，

（图1.2-20）武汉中山公园整齐式绿篱

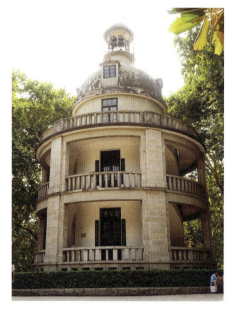

（图1.2-21）武汉中山公园的张公亭

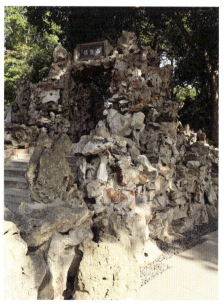

（图1.2-23）武汉中山公园棋盘山

主要有孙中山和宋庆龄雕像、张公亭、受降堂、受降纪念碑、鸽子坪、大型音乐喷泉等。后区为大型游乐休闲区，各种游乐设施与丰富的植被形成生态欢乐园。园区利用自然起伏的坡地，栽植悬铃木、黄山栾、石楠、红枫、红花檵木等植物，形成高低错落、疏密有致、色彩丰富的景观空间（图1.2-24），成为集游览、观赏、文化、娱乐为一体的大型综合公园。

（图1.2-22）武汉中山公园湖心亭

（图1.2-24）武汉中山公园景观空间

9. 杭州中山公园

杭州中山公园位于浙江省杭州市西湖孤山后山路，1927年，为了纪念孙中山先生，将原清代行宫的基址改建为中山公园。孙中山先生曾多次到杭州，1912年11月8日，孙中山先生来到西湖，公祭秋瑾烈士；同年12月9日，再次到杭州参观文澜阁藏书，视察铁路线及钱江水道；1916年8月16日再至秋瑾墓凭吊。

孤山上唐代建有孤山寺，南宋时建西太乙宫、四圣延祥观，清代曾在此建行宫，康熙、乾隆南巡时都在这里住过。雍正时（1727年）改为圣因寺。1927年建中山纪念亭，采用西方文艺复兴时期的建筑样式，以及圆形重檐钢混结构。

公园保留了原清代行宫的遗存，三开间宫门，红柱灰瓦白墙，既有皇家的气派，又有江南园林的风格（图1.2-25）。大门前面的一对汉白玉石狮为明代遗物，显示出历史感。园内依山而建中山纪念亭、万菊亭、四照亭、团结亭、放鹤亭等景观建筑，绿云径为湖石堆叠而成，曲径通幽，与山林相融合。山后还营建有中山纪念林，亭台幽径与孤山（图1.2-26）的天然景色融为一体，体现出中国传统造园艺术和手法。

（图1.2-25）杭州中山公园大门

（图1.2-26）杭州中山公园"孤山"题刻

10. 奉化中山公园

奉化中山公园位于浙江省奉化市锦屏山，1925年由宋家坪公园改名而成。原宋家坪公园始建于1914年。1928年，建造了中山纪念堂（后改为总理纪念堂）、中正图书馆、锦屏小筑、听涛亭等建筑。由于日寇入侵，公园受到破坏。1979年后，政府对公园进行了整修和建设，新建仰山亭、荷花池、双翼亭、夕照亭、雨奇山阁等亭台楼阁。仰山亭为垒石结构，亭中央立一块石碑，镌刻着由原民革中央主席李沛瑶先生题写的"中山公园"四个大字，立起了"锦屏山"石碑、《中山公园记》和《重修中山公园记》等石碑。

中山公园占地面积9.5公顷，园内建有各式亭台楼阁，锦屏山林木葱郁，自然环境优美。

11. 江阴中山公园

江阴中山公园位于江苏省江阴市人民中路，原为江苏学政衙署的后花园，先后称"季园"、"寄园"，清光绪三十二年（1906年）开始对游人开放。1912年10月19日，孙中山先生从上海乘"联鲸"号军舰沿长江西上，视察江阴黄山炮台，并进城在桐梓堂发表演讲，提出"叫全国的文明从江阴发起"。为纪念这位革命先驱，南菁、励实两校学生在1925年捐建了孙中山纪念塔。1930年，公园更名为中山公园（图1.2-27）。

公园初建时占地面积3公顷，2002年改造扩建后，面积为7公顷，分为学政历史文化区、生态休憩区和游乐活动区三部分。学政历史文化区是在原江苏学政衙署遗址的

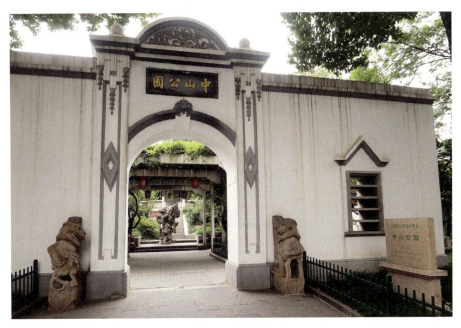

（图1.2-27）江阴中山公园

基础上建立起来的，集遗址、广场、雕塑、雪浪湖为一体。生态休憩区有千年古紫藤、孙中山先生纪念塔、桐梓堂，以及明万历年间的状元亭和忠邦亭等。状元亭（图1.2-28）位于万寿山脚下，是明代知县许达道为勉励江阴学子去考取状元所建，四方石柱镌刻麒麟戏珠、凤凰朝阳、鲤跃龙门及蜜蜂猴鹿，斗拱接檐，飞檐翘角。最初这座亭子在文庙，后搬至城隍庙，1950年建江阴人民大会堂，将状元亭搬到了中山公园。忠邦亭周边有7棵古紫藤，绿荫如盖（图1.2-29），最古老的为北宋初年所植，是当时孙氏私家园林"万春园"遗物，有千年的历史，枝干古朴，如龙盘虬曲。游乐活动区设置了供老年人和儿童活动的设施，如书场、水榭、亭台、水池、攀缘架等。

（图1.2-28）江阴中山公园状元亭

（图1.2-29）江阴中山公园紫藤架

公园北部万寿山翠岗连绵,玉带河从外侧依山环抱,古塔、古亭、古廊、古树、水榭、曲桥等相得益彰,显得古朴,富有古韵。园内大树参天,林下种植鸡爪槭、十大功劳等耐半阴灌木,下层为杜鹃及山麦冬等地被植物,常春藤沿着树干攀爬,呈现复层、立体化的植物空间,生态和景观良好(图1.2-30)。

(图1.2-30)江阴中山公园的林荫空间

12. 漳州中山公园

漳州中山公园位于福建省漳州市芗城区新华西路,原名漳州第一公园,始建于1918年10月。建园时,立陈炯明撰写的《漳州公园记》碑,在园内立一座2米多高的闽南护法区纪念碑,碑上端四面刻有"博爱""自由""平等""互助",分别是孙中山、章太炎、汪精卫和陈炯明手书。1926年8月,何应钦率北伐军攻克漳州,立孙中山先生的《建国大纲》碑,废陈炯明的"漳州公园记"碑亭,改为中山公园纪念亭,并在七星池南边建中山纪念台,公园更名为中山公园。

1956年8月,在公园南侧建闽南革命烈士纪念碑。"文化大革命"期间,中山公园更名为人民公园。1979年进行公园修复后,又更名为中山公园。2002年,梅岗亭改为漳州解放纪念亭。2008年进行整体改造,为彰显公园的主题,增设中山广场和孙中山铜像。

中山公园占地面积4.5公顷,以绿地为主体,保留宋代开凿的七星池,还有龙湫池(图1.2-31)、龙柱亭、纪念碑等景点。龙柱亭最早为1920年陈炯明所建(时为漳州第一公园),亭内置石碑,宣扬其政绩,后废。亭为六根盘龙石柱亭(图1.2-32),上为锥形顶,位于古榕树下,成为人们休憩之所。山丘上栽植各种植物,古老的木棉树上附生着蕨类植物,广场可供人们休憩,成为人文与自然景观相融合的综合性公园。

（图1.2-31）漳州中山公园龙湫池

（图1.2-32）漳州中山公园龙柱亭

13. 龙海石码中山公园

龙海石码中山公园位于福建省漳州市龙海石码镇公园路，始建于1922年，建园时面积7000平方米。1923年，北洋军阀师长张毅在公园内建益思亭。1925年，北伐军领将何应钦将益思亭改为中山亭。1980年，公园进行整修，现占地面积仅1500平方米。

公园初建时，东部建有花圃、荷池、假山、凉亭，南部筑小山丘，小山丘建有休闲亭，亭周围植木棉树和凤凰木。现保存有广场、中山亭及周围榕树、秋枫、木棉和凤凰木等大树，成为石码居民休闲和活动中心（图1.2-33）。

14. 石龙中山公园

石龙中山公园位于广东省东莞市石龙镇绿化东路，原名石龙公园，始建于1924年。大革命时期，石龙镇曾作为东征军的大本营，孙中山先生14次亲临石龙前线，指挥战斗。为缅怀孙中山先生的丰功伟绩，石龙公园改称石龙中山公园。"文化大革命"期

（图1.2-33）龙海石码中山公园群众活动

间，中山公园更名为人民公园，后又恢复中山公园名称。

公园占地面积0.8公顷，引水造池，池中建岛亭，以曲桥相连，池四周种植各种植物，土丘上建纪念亭。园内有中山纪念堂、周恩来演讲台、莫公璧纪念碑（图1.2-34）、李文甫纪念亭、浩英亭、忠义亭、举重之乡雕塑等。中山纪念堂为爱国主义教育基地，周恩来演讲台前矗立着周恩来塑像，纪念时为黄埔军校政治部主任的周恩来，是一座集纪念、休憩和健身等多功能为一体的小型综合性公园。

15. 惠州中山公园

惠州中山公园位于广东省惠州市西湖东面的椶山，原名惠州第一公园，始建于1920年。惠州是孙中山先生从事革命活动的重要基地之一，辛亥革命前夕，孙中山先生为了推翻清王朝统治，曾两次派员到惠州组织发动了三洲田起义和七汝湖起义。1923年孙中山先生先后四次赴惠州扬湖、飞鹅岭阵地视察，部署攻击守城敌军。

公园是国民革命军东征遗址之一，1925年10月国民革命军第二次东征攻克惠州后，在第一公园举行追悼会，追悼阵亡将士。惠州人民与东征军联合集会，政治部主任周恩来参加大会并发表演讲。1928年为纪念孙中山先生致力于国民革命的精神，将惠州第一公园更名为中山公园。1937年建孙中山纪念堂，后多次修复。1986年在纪念堂前矗立孙中山先生雕像。2002年改造时在正门增建博爱牌坊，上刻"天下为公"四字。

（图1.2-34）石龙中山公园莫公璧校长殉难纪念碑

中山公园现占地面积3公顷，内有隋唐民居遗址、宋碑、数百米明代城墙、清代建筑望野亭和东征遗址、周恩来演讲处、廖仲恺纪念碑等，是惠州爱国主义教育和革命传统教育的重要基地。

16. 桂平中山公园

桂平中山公园位于广西壮族自治区贵港市桂平市广场街，原属明代京官马文祥私人花园，旧称马家园，后又称芥园、浔州公园。孙中山先生于1921年10月20日，从广州乘"广明"号军舰抵达桂平，率军讨伐北洋军阀，登岸后游览了公园，并在园内榕树下休息。21日，孙中山先生游览了桂平西山，并创作了《题广西桂平西山联》。为纪念孙中山先生，1936年辟建中山公园。

公园现占地面积5.5公顷，其中水面1.3公顷，2010年改造竣工后，在公园入口处新立孙中山先生雕像，雕像左侧炮台上放置一门古炮。园内有孙中山先生及其随员稍息旧址、《悼念孙中山先生》石刻、中山亭、湖心亭、风雨桥等景观，并有百年以上的榕树等花木。

二、新建的中山公园

1. 深圳中山公园

深圳中山公园位于广东省深圳市南山区，始建于1925年，时任宝安县县长的香港绅士胡钰先生为纪念孙中山先生而主持兴建，面积1.3公顷，是深圳历史最为悠久的公园之一。1984年深圳市政府对中山公园重新规划。1998年改造后，于1999年11月12日孙中山先生诞辰133周年纪念日重新开放。

公园分为旧园区、展览区、中山纪念区、南入口门区、东入口门区、水面游赏区、草坪文化游赏区、疏林交流区、密林休憩区、林下交往区、荔枝文化区、历史人物雕塑群、莺歌燕舞广场和苗木生产管理区等14个区。占地面积49公顷，其中水域面积3公顷，可供人们泛舟戏水、垂钓观鱼、休闲游乐，湖上的情侣岛、望湖桥（图1.2-35）、瀑布等构成优美的景观。园内冈峦起伏、古木参天，还有大面积的草坪与周围大树相融合的开放空间（图1.2-36），单株乔木或雕塑坐落在草坪上，增加了景观的丰富度，可供人们开展游戏、健身、休闲等大众性文化娱乐活动。

中山公园保存有明洪武二十七年（1394年）修建的南头城北城墙（图1.2-37），古城墙沿山形走势而筑，砖石砌筑，中为夯土，墙基宽约10米，长646米，高约6米，1983年被深圳市政府列为第一批重点保护文物。还有最初于1930年由南山华侨陈鉴波先生捐建的鉴波亭，1995年按原样重建（图1.2-38）。革命烈士纪念碑掩映在绿树丛中，

(图1.2-35)深圳中山公园的望湖桥

(图1.2-36)深圳中山公园的草坪开敞空间

(图1.2-37)深圳中山公园古城墙遗存

(图1.2-38) 深圳中山公园鉴波亭

显得清幽静谧，轴线上建有大型孙中山头像造型石雕，还竖立了文天祥、林则徐、关天培等历史人物雕塑，成为爱国主义教育基地。

2. 厦门中山公园

厦门中山公园位于福建省厦门市公园东路，1927年，厦门市政督办公署决定在新辟的市区兴建公园，工程由堤工处负责，堤工处顾问周醒南主持规划建设，留学德国的建筑师林荣庭负责公园的工程设计。1927年动工建设，1931年基本完工，当时面积达16公顷。为弘扬孙中山先生倡导的"天下为公"精神，定名为厦门中山公园。

公园现占地面积11公顷，呈不规则长方形，按照"东塔、西山、南球、北海"的原则而建，东部建纪念碑（塔），西部建造假山，南部筑地球仪，北部有东岳河，具有历史风貌和时代气息。东门内广场上建孙中山纪念碑，碑高17米，上镌刻"天下为公""天地正气"等题字，碑后有鼎足桥，三面通东门、动物园和花圃。南门为三层牌楼式建筑，大小三个拱门，高15米，宽20米，牌楼顶覆盖绿色琉璃瓦，饰以飞檐、龙首，色彩明快（图1.2-39），既有中国古典建筑精华，又有闽南建筑风格，成为公园的主要标志之一。南部入口东侧有一座标志性雕塑"醒狮地球"，始建于1931年，1998年复建，地球直径5米，狮子雄踞其上，极具震撼力。1985年还在南半园中央，竖立了一座高达7米的孙中山青铜塑像，在大王椰子的背景衬托下，非常醒目。中部以水景为主，盐草河居中，蓼花溪、溪沙溪南北环绕，水面上建有七座小桥，形式各异。岛上建花展馆，展示花卉、盆景和根雕等精品。西部为逸趣园，由庭院、凉亭、娱乐室、

(图1.2-39) 厦门中山公园南门

小水池等组成,非常幽静。旁边为魁星山,山上有魁星石,石旁建魁星亭。北部主景有东岳河、东岳庙等,北侧有动物园,为园中园。

中山公园将魁星河、盐草河、东岳河和虎溪、樵溪、蓼花溪的水系导入园中,形成迂回弯曲的水道和湖面。水面2.5公顷,湖上建桥筑岛,亭、台、阁、榭等建筑物临水而建,环湖而立(图1.2-40)。魁星山虽然山体不高,却巨石层叠,小径盘桓,有清代以来的摩崖石刻,山上古木苍郁,人行其间,宛如深山幽谷,有魁星石和魁星亭(图1.2-41),是公园的制高点,可鸟瞰全园。

(图1.2-40) 厦门中山公园水景

(图1.2-41)厦门中山公园魁星亭

3. 龙岩中山公园

龙岩中山公园位于福建省龙岩市新罗区和平路，始建于1927年。经过多次扩建，现占地面积为3.5公顷。公园分为大门广场区、梅亭山游憩区、园林观赏休息区和中山广场游园区，采用中西合璧手法，模仿江南园林的堆山理水和外国建筑的柱式屋顶，建有擎天塔、希腊式方亭、俄式红亭、江南式六角亭以及当地式样的八角亭，风格各异。擎天塔最早为1927年建，后多次维修，塔高25米，为六角形七层砖塔，葫芦刹顶（图1.2-42）。塔檐砖垒3层，每层依次收分，每层各有2个拱门，方位交错。塔为空心楼阁式，内有木梯至顶层，第二层有石刻阴文"擎天塔"碑。塔四周矮砖墙围绕，种植假槟榔等植物。同时期建造的红亭为俄罗斯式帐篷顶，整体外观为红色，在香樟、榕树等古树的林荫下格外醒目（图1.2-43）。

猴山为堆叠的假山，南北长30.6米，东西宽13.3米，两峰相望，其间架以飞梁，主峰高达15.16米。采用塑石法，正立面灰塑两条盘龙，还有龙头探水、桥亭、虹桥、莲花池、附壁青龙、绕门牡丹、莲花门、醉云桥等，一步一景，妙趣横生。桥亭呈四方形，亭外柱是白色砖砌螺纹形状，柱头为花鸟浮雕，亭内增加四根红色木柱，成为双重柱的亭子，增加了空间上的层次感（图1.2-44）。

梅亭山以樟树、柏树为主，配置灌木、花草组成自然植物群落，林中设有雕塑小品。中山广场北面有大型假山瀑布，假山前水池叠泉，假山后树木葱茏，假山瀑布半壁上和水池中有仙鹤雕塑。公园结合人工、自然山水的造景方法，形成既有公园绿地，又有自然山林的景观。

(图1.2-42) 龙岩中山公园擎天塔

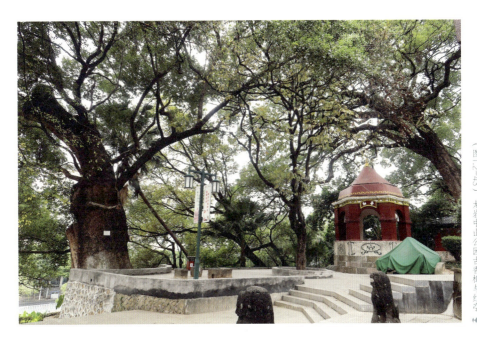

（图1.2-43）龙岩中山公园古香樟与红亭

（图1.2-44）龙岩中山公园假山和桥亭

4. 银川中山公园

银川中山公园位于宁夏银川市兴庆区，始建于1929年11月，基址曾是西夏李元昊的避暑宫、明代军马营房、清代绿营兵的军马场，是1929年为继承孙中山先生"植树造林，绿化中华山川"的遗志而建成的公园。中华人民共和国成立之后，银川解放和宁夏回族自治区成立，以及自治区成立20周年和30周年大会等，均在中山公园举行。一些国际友人还在中山公园内种植了友谊树。

公园面积47公顷，有一山二岛、三湖一榭、五桥九亭，为国家重点公园。西大门存有西夏古城墙400余米，东北部有建于清代的文昌阁，文昌阁南部的岳飞诗碑也是文物，还有存放在银湖鸣钟亭的明钟，是明代成化元年（1465年）所铸。园区分为风景游览区、游艺活动区、儿童游乐区、花卉观赏区、动物展览区、文化活动区和安静休闲区等（图1.2-45），成为广大人民休闲、娱乐、健身的场所。

5. 泉州中山公园

泉州中山公园位于福建省泉州市中山北路,坐落在威远楼(谯楼)北面,原址为清代督署内园,1929年辟为中山公园。建有辛亥革命七十二烈士纪念碑、抗日战争纪念碑和抗日将士纪念碑。

(图1.2-45) 银川中山公园门区

(图1.2-46）泉州中山公园入口

20世纪50年代，园内的广场辟为足球场和篮球场。1968年中山公园改称人民体育场。1989年以谯楼为中心，包括楼南广场、楼北绿地和已有的体育设施，铺设石步游道，补植乔木、草坪，形成体育公园。2000年，泉州市政府、泉州市鲤城区政府把改建泉州中山公园当作为民办实事的重点项目，将单一的体育公园辟为集休闲、健身、文化于一体的综合性公园。当年12月开工，2001年12月竣工。

中山公园现占地面积6.8公顷，分为4个功能区，东片为绿化文化共享区，南片为健身活动区，西片为球类活动区，北面为榕荫幽居区，集体育健身、休闲游览、防灾避险于一体。入口采用轴线式设计，前端为花坛，绿篱端头为孙中山塑像，两侧种植羊蹄甲和凤凰木，营造纪念孙中山先生的氛围。入口广场处保留有一棵高大的古榕树（图1.2-46），绿地树丛中掩映着红色的八角中山纪念亭。靠近威远楼的园内还有几株树龄达200年以上的古榕树，冠大荫浓（图1.2-47）。园内遗存的太湖石与树木花草搭配融洽，显示出公园历史的久远。

6. 三河中山公园

三河中山公园位于广东省梅州市大埔县三河镇。1929年，同盟会会员、新加坡同德书报社社长、中国国民党新加坡支部长徐统雄倡议并筹集巨资，在翁万达石坊内，兴建中山公园和中山纪念堂，以纪念中山先生在三河的革命足迹。园门石坊上的"中

(图1.2-47)福建泉州中山公园古榕树

山公园"为国民党元老胡汉民题写。

1918年5月,孙中山先生亲临三河汇城,与驻扎在大埔茶阳、三河的粤军总司令陈炯明商议粤桂滇三军联合大计,在三河停留6天时间。

公园现占地面积1.1公顷,中山纪念堂内设有孙中山先生生平事迹展览,左侧有荷池和碑亭。2004年修复竣工后,在纪念堂前增建了孙中山先生铜像,还有中山纪念亭,并恢复了纪念碑和华表等景观。三河中山公园和中山纪念堂被列为大埔县文物保护单位。

7. 佛山中山公园

佛山中山公园位于广东省佛山市禅城区汾江北岸,始建于1930年,由时任南海县长余心一奠基筹建,后因县长卸任,公园中途停建,直到1933年,继任县长李海云继续兴建,建园时公园面积0.5公顷。1953年,佛山市人民政府拨出专款,扩建中山公园。1980年后沿公园北面及南入口扩大面积。1990年末,公园进行重大改造,拆除了影响公园景观的建筑物。2003年,中山公园继续扩建,面积达32公顷。

公园旧门为三拱门式建筑(图1.2-48),中间略高且宽,两侧对称,整体呈流畅的弧形顶，门体浅黄色，上嵌"中山公园"，门后为参天的榕树，显得典雅端庄。园区水面面积12.5公顷，拱桥、曲桥、平桥等18座造型各异的景桥连通湖中诸岛和各园区，水边绿树掩映（图1.2-49），形成南方的水乡景观，呈现"虽由人作，宛若天成"的自然式景观。园内有亭廊20座，其中亦乐亭为1934年所建，六柱重檐尖顶亭，顶部覆绿色琉璃瓦，檐部仿斗栱式样，具有岭南风格（图1.2-50）。群英阁为仿古二层建筑（图1.2-51），1960年依水而建，红柱灰瓦，廊阁相连，水边露半圆形拱，倒影相接，意蕴无穷。

公园分历史文化区、湖区、瀑布假山区、水生植物区、草坪区、观赏休息区、儿童游乐区、老年活动、动物观赏区等九大景区，是集展览、科普、娱乐、休闲于一体的综合性公园。主要景点有：名园旭日、香樟浓荫、红岩飞瀑、湖光桥

（图1.2-48）佛山中山公园旧门

（图1.2-49）佛山中山公园的自然式水景

（图1.2-50）佛山中山公园亦乐亭

影、百舸息湾、晴筠蝉唱、碧波飞虹、亭台掩映、丹鹤晨嬉、绿茵春晖、精武雄风、椰林夕照、流光溢彩、十里荷风等。香樟浓荫位于公园入口广场上，数株古香樟浓荫蔽日（图1.2-52），形态各异，树上长满附生蕨类，在周围乔灌木和地被的陪衬下，更显古朴。

（图1.2-51）佛山中山公园群英阁

（图1.2-52）佛山中山公园香樟古韵

8. 诏安中山公园

诏安中山公园位于福建省漳州市诏安县南诏镇县前街,始建于1930年。建园时公园面积为1.3公顷,主要有中山纪念堂、牌坊大门、碑亭、八角亭、纪念碑、人造山丘等小品和建筑。1963年,拆除人造山丘,改建县人民影院。1972年,八角亭、碑亭、牌坊大门相继拆除,将中山公园辟为广场。1985年4月,县政府拨款重建中山公园,历时一年多,于1986年5月1日建成开放。

公园现占地面积为0.8公顷,尚存有1930年建造的中山纪念堂,为中西合璧的砖混建筑。香港回归纪念亭为四柱穹顶,也带有西方风格。广场上亭廊相接(图1.2-53),重檐翘角,梁柱间有绘画和诗词。水池中有一假山,山上榕树根系盘绕。入口处为中山公园石碑。整个公园面积虽小,却成为当地人们休憩和娱乐的难得空间。

(图1.2-53)诏安中山公园广场

9. 松口中山公园

松口中山公园位于广东省梅州市梅县松口镇,1933年建成,为纪念孙中山先生视察松口而兴建。"以总理孙公亲莅松口鼓励民众参加革命,其功德不可不有纪念,乃名之曰:中山公园。"

1918年5月28日,孙中山从广东汕头乘坐"协和"号轮船抵达梅县松口镇。他先到爱春楼看望同盟会会员谢逸桥、谢良牧兄弟,并创作了两幅《题广东梅县爱春楼联》,又到松口金谷街图书馆,后沿江徒步上行,三天后离开松口。

松口中山公园占地面积3.7公顷,园内有孙中山雕像、密庵亭、鲁迅纪念碑、刘胡兰塑像和洛阳桥等纪念建筑,还建有松口文化大楼,集休闲、娱乐、办公于一体。该公园是青少年接受革命教育的重要基地,也是镇上居民休闲锻炼的场所。

10. 崇福中山公园

崇福中山公园位于浙江省嘉兴市桐乡市崇福镇崇德东路,始建于1932年,是当年的崇德县长毛皋坤为纪念孙中山先生在孔庙基础上所建。建园时,园内有孙中山纪念堂、陈英士纪念塔、吕晚村纪念亭、孔庙、民众茶室及六角亭等。孙中山纪念堂和陈英士纪念塔现已不存。1983年公园重新改建,1988年重建吕晚村纪念亭,并扩建为吕园,2005年重修孔庙。

公园占地面积2.8公顷,整体呈中国传统园林风格,引水造园,水边垂柳依依,水上架拱形仓沐桥,水际建文璧巽塔。现存的文壁巽塔重建于清咸丰三年(1853年),高18米,为六面七级仿木砖结构(图1.2-54),壸门与棂窗相间,壸内有"礼、乐、御、射、节、数"六艺砖刻单字,成为公园历史文化和景观的重要标志。1971年堆土为山,山上栽满樟树,林间置石桌和小路,樟林山现已葱郁成林,成为夏季纳凉休憩的良好场所。

园中保存有文庙,内有大成门、棂星门、孔子像、大成殿等建筑,旁建魁星亭。园中园——吕园(图1.2-55),建有吕晚村纪念亭,亭前置牡丹石,为崇福四大名石之一,园内草木扶疏,四周围廊环绕。

11. 荆州中山公园

荆州中山公园位于湖北省荆州市沙市区公园路,原名沙市中山公园,1994年荆州地区与沙市合并成立荆州市,更名为荆州市中山公园。1933年,为纪念革命先驱孙中山先生,由国民革命军第十军军长徐源泉主持的沙市市政建设整理委员会决定修建中山公园,11月动工,1935年4月建成,在新建的中山公园纪念堂内举行了纪念孙中山先生逝世十周年暨公园开园剪彩仪式,并正式开放。

中山公园始建时占地面积18公顷,建有中山纪念堂、总理纪念碑、屈原居、武侯祠、爽秋亭、锄云阁等景观,大门门楼的"沙市中山公园"由徐源泉题写。1965年原国家副主席董必武视察沙市时,为沙市中山公园重新题写园名。

1949年,公园扩增至32公顷,1958年朱德同志为中山公园园内落成的革命烈士纪念碑题写了"革命烈士永垂不朽"。20世纪80年代,新建了中山纪念亭和孙中山雕像。1991年将江津湖划归中山公园,公园现占地面积75公顷,其中水域43公顷,成为江汉平原的一颗明珠。

12. 老河口中山公园

老河口中山公园位于湖北省老河口市中心,始建于1933年,1946年建成,时任国民党第五战区长官李宗仁和刘峙将军亲自主持修建公园。

（图 1.2-54）崇福镇中山公园文壁巽塔

（图1.2-55）崇福中山公园吕园

　　1995年公园被评为老河口市爱国主义教育基地，2003年修复了抗日将士纪念碑、中山纪念堂、钟楼、古典型西大门、逸仙湖、曲桥、六角亭等景观，还新建了孙中山雕像、水榭、龙墙、五组大型雕塑、喷泉、盆景园等。2009年新建了中山公园牌楼，并重新修缮了中山纪念堂。

13. 中山市中山公园

　　中山市中山公园位于广东省中山市石岐区烟墩山。1946年中山县旅外华侨为纪念孙中山先生集资兴建公园，定名为中山公园。20世纪80年代，添置景石、六角亭、廊等，并扩建虎口塘登园大道。

　　中山公园占地面积9公顷，是一座天然的山林公园，大树参天，翠竹夹道。进入公园沿台阶而上，有宽阔的环山通道，环山道顺着山势呈螺旋形向上直抵山顶。山顶上有建于明朝万历三十六年（1608年）的古塔，为仿阁楼式七层八角的砖砌花塔（图1.2-56），高24.5米，成为中山市中山十景之一"阜峰文笔"，塔北放置一门清代古炮。中山纪念亭坐落在西北面另一座稍矮的山丘上，周围茂木围绕，沿台阶拾级而上，令人顿生崇敬之意。

14. 香港屯门中山公园

　　香港屯门中山公园位于香港屯门区，面对龙门路，是昔日青山农场所在地，是孙中山当年与革命同志聚会的地方。青山农场是兴中会的秘密基地，著名的庚子起义和

(图1.2-56) 广东中山市中山公园的阜峰文塔

广州黄花岗起义就是在此策划的。

香港是孙中山先生领导革命运动的重要策源地、指挥中心和活动基地。他直接策划了10次起义,其中有6次是以香港为基地发动的。香港许多地方都留下了孙中山先生的足迹。孙中山先生1833年抵达香港,在港读书,结识了一帮志同道合的同志畅谈革命。1895年1月在香港创设"兴中会"总部。1895年8月29日,召集各地志士在西营盘举行秘密会议,落实广州起义布置。1923年2月,孙中山先生最后一次到香港,在香港大学发表了《革命思想的诞生》演说。

公园内红楼是一级历史建筑,大门两侧书写的"博爱"和"天下为公"均为孙中山先生手迹。红楼前原有6株桄榔,其中3株为孙中山先生栽植,另3株为黄兴所植。1948年在园内广场矗立孙逸仙博士纪念碑和孙中山先生半身铜像,铜像基座镌刻着《国父遗嘱》。园内还有"屯门青山红楼中山公园碑记"和"重修红楼中山公园碑记"。

15. 孙文纪念公园

孙文纪念公园位于广东省中山市中心城区南面,兴中道与城桂路连接处。1994年6月动工兴建,工程分两期建设,1996年11月12日孙中山先生诞辰130周年纪念日开放,是一座以纪念为主题的综合性公园。

公园占地面积26.6公顷,由两个平缓的山坡改建而成,分别为纪念区和游览综合区。纪念区位于东侧山丘,以纪念孙中山先生为主,由正门入,穿过仿古牌坊拾级而上,六柱盘龙华表矗立两旁,顶层是宽阔的平台,孙中山先生铜像巍然屹立其上(图1.2-57),可俯瞰全城。区域内设置了"一山三园",即龙柏山、松园、柏园和竹园,用常绿树环绕四周山丘,营造对孙中山先生的永久怀念的氛围。

公园西区是游览综合区,山林特色明显,主要景点有后来居上、香山、飞来石、试剑石、一线天、水帘洞、迎阳石、观景阁、荷花池以及民族、民权、民生三座纪念亭台等。自然山石景观壮美,山中假山瀑布、亭桥掩映于绿树之中(图1.2-58)。观景阁位于山顶,为二层八角形石质建筑(图1.2-59),仿传统木结构造型,圆柱,飞檐翘角,筒瓦状,宝顶,可登上阁顶远望园景和整个城市。山下有大面积的草坪和规则式的绿篱,还有荔枝林、大王椰子林以及木棉大道等,形成自然式与规则式相结合的植物景观。

16. 石家庄中山公园

石家庄中山公园位于河北省石家庄市西二环以西,石获北路北侧,1999年建成开放,占地面积12公顷。公园以2公顷的人工湖为中心,湖中建三个小岛,体现中国传统"一池三山"理念,沿湖布置中山亭、聚贤阁和长廊,均为朱红色方形建筑,显得古典

（图1.2-57）广东中山市孙文纪念公园

（图1.2-58）孙文纪念公园西区亭桥绿树

端庄。湖边小山丘上"见山亭"为上圆下方的石质亭，绿地边"得月亭"为石质重檐四方亭。溪流两岸堆置假山，栽植柳树，水中栽植荷花。集山、石、林、泉、溪、亭等景观为一体，并在外围设游乐场和游憩设施，供健身休闲。

园中有不少反映燕赵历史文化的雕塑，"建安风骨"塑造了东汉末年建安时期曹操、曹丕、曹植、孔融、陈琳等人物形象；"和为贵"雕塑以和氏璧为背景，反映廉颇、蔺相如的动人故事；还有魏征的雕塑等。园中与"中山"相关的中山亭位于高大的台基上，呈四方形，红柱灰顶，悬篆书"中山亭"匾额，亭内置鼎（图1.2-60）。石家庄历史上曾为中山国所在地，从中山公园的地理位置和中山亭的风格、题字看，更有纪念古中山国的意味。

（图1.2-59）孙文纪念公园观景阁

（图1.2-60）石家庄中山公园中山亭

17. 黄埔中山公园

黄埔中山公园位于广州市黄埔区长洲岛上,毗邻深井涌。2002年建成开放,为了纪念孙中山先生从深井涌河道安全脱险,辟建的公园取名为中山公园。孙中山先生创立民国政府后,准备挥师北伐统一中国。由于陈炯明叛变革命,炮打总统府,迫使孙中山先生乘坐"永丰"舰(中山舰前身)而搁浅在长洲。陈炯明用蟹山炮台和渔珠炮台炮轰永丰舰,封锁出海口,企图置孙中山先生于死地。1922年6月16日,在当地民众支持下,孙中山先生乘坐永丰舰通过深井涌,驶往安全地带。2003年在公园广场入口处立孙中山雕像,纪念他在广州黄埔创立了陆军军官军校,建立了"中华民国",对中国革命事业作出了重大贡献。

公园占地面积6.4公顷,其中水体面积2.5公顷,湖中心为白鹭岛(图1.2-61),岛上植被茂密,水鸟自由栖息。以水造园,沿湖环绕河溪,以多样化的植物为主,配以亭、台、廊、榭和亲水广场,是一处供市民休闲健身的区级综合公园。

18. 上沙中山公园

上沙中山公园位于广东省东莞市长安镇上沙村中山大道。上沙村保存有孙氏宗祠,中山大道入口处立有一座四柱三间的石质琉璃牌坊,正面书"孙中山先生先代故乡"。为缅怀孙中山先生的丰功伟绩而建造中山公园。

公园面积很小,入口碑刻"东莞长安上沙中山公园",为甲午年(2014年)所立。园内建有水池和亭、桥、廊等建筑,可供休憩,广场和舞台等可举办文化活动

(图1.2-61)黄埔中山公园白鹭岛

(图1.2-62)上沙中山公园舞台

(图1.2-62),还有老人活动中心,供老年人下棋等,是集休憩和文化活动为一体的村级公园。

三、易为他名的中山公园

1. 广州蟹山中山公园

中山公园园址位于今广州市黄埔区蟹山路,因公园地质环境是典型的丹霞地貌,山石酷似大红蟹而得名蟹山。民国11年(1922年)6月陈炯明叛变,7月,孙中山乘坐的永丰舰到达黄埔江面,驻于长洲岛鱼雷局的大本营办公处,被蟹山炮台叛军开炮击中,处境险恶,后乘舰取道深井涌转入南河道而脱险。1932年,参与此役的陈策等人,于蟹山上建小亭数椽,胡汉民书"先大总统孙公蒙难碑"竖立于山巅之岗,并由林直勉撰文刻于碑阴,命名"中山公园"以为纪念。

中山公园有建于清光绪十一年(1885年)的蟹山炮台和甬道遗址,建有一座八角亭(图1.2-63)、一座四方亭,均为欧陆风格的凉亭。抗日战争后,亭台凋败,逐渐荒废。

1964年,黄埔区政府将蟹山炮台遗址改为蟹山公园。现景点主要包括山顶古迹纪念区、百步梯、石景区、半山亭、南大门广场景区、大王庙平台景区等,园内绿树成荫,杜鹃花、龙船花花色迷人。

2. 广州石牌中山公园

广州石牌公园园址位于今广州市天河区,始建于1928年。1931年为纪念孙中山先

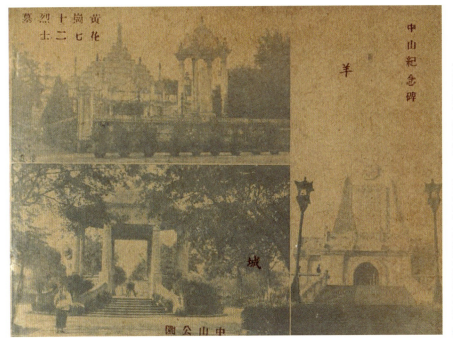

（图1.2-63）羊城胜迹中山公园（知行月刊1937年第2卷第5期）

生，更名为石牌中山公园。1932年广州市国民政府拨款600元，在公园中修建了四檐亭。1933年又拨款4918元，修建牌楼一座。中华人民共和国成立后，改为中山林场，大量种植林木果树。1957年更名为森林公园。1960年改名为东郊公园，建湖心亭、双层亭等设施。1994年东郊公园移交给天河区管理，1997年正式命名为天河公园。公园更名频繁，中山公园的存续时间18年。现天河公园面积70.7公顷，水面10公顷，园内树木葱茏、生态完善，成为市民休闲娱乐的好去处。

3. 上海青浦中山公园

青浦中山公园园址位于今上海市青浦区公园路，初建于清乾隆十年（1745年），称灵园，又称一文园。乾隆四十九年（1784年），拓地池筑堤累石，增建楼台，前后历四十余年，建成二十四景。嘉庆三年（1798年）改园名为曲水园，取王羲之《兰亭集序》中的"曲水流觞"之意。同治元年（1862年）毁于炮火。光绪九年（1883年）开始费时27年相继修复庙、园，增建围墙、放生池、花神堂等。1911年由庙园改为公园。1927年，更名为青浦县中山公园，增修假山，山上筑九峰一览亭。抗日战争期间，公园大部分被日机炸毁。中华人民共和国成立后屡有扩展，1980年恢复"曲水园"名称，现有面积1.82公顷，保存有古树名木53棵。

4. 宁波中山公园

宁波中山公园位于今浙江省宁波市公园路，始建于1927年，1929年落成，在原清代道署内衙后乐园的基址上建造，占地6公顷，建亭台4座、桥5座、廊3处、牌坊2座、

图1.2-64 宁波中山公园（《宁波旅沪同乡会月刊》1936年12月）

各式房屋21座以及假山等（图1.2-64），并形成春亭饮绿、秋水濯缨、梅坞鹤巢、柳移燕语等八景。

孙中山先生曾于1916年8月22日到宁波，与宁波教育界人士座谈，并在宁波中学（现东恩中学）大礼堂发表演说。为纪念孙中山先生，公园定名为中山公园。

1951年对园内假山、亭台等进行整修。1980年建盆景廊，1983年整修阅览室和十字厅。1998年宁波市政府对中山公园进行扩建，与解放北路体育场连成一片，总面积达8.4公顷，并更名为中山广场。移建了遗嘱亭，刻有总理遗嘱原文。2003年3月12日，营建孙中山纪念林。"中山公园"名称自1929年建成至1998年更名，存续69年。

5. 高邮中山公园

高邮中山公园位于江苏省扬州市高邮市中心，北邻通湖路，南接县府街，原名"众乐园"，设民众阅报室、茶园、花木部、网球场等。1931年8月25日运河决堤，城内被淹。重新整理后，1933年更名为中山公园。于1949年2月改名为烈士公园，内有高邮烈士纪念馆和纪念馆广场，布局紧凑，环境典雅。中山公园的名称存续16年。

6. 蚌埠中山公园

安徽省蚌埠中山公园始建于1927年，因傍蚌山构造，原名蚌山公园，又因在蚌埠市区之南，也称为"小南山公园"，是蚌埠最早建成开放的公园。1929年，北伐军第六路军总指挥兼安徽省主席方振武，为纪念当年在小南山阻击清军而牺牲的160名淮上军烈士，在小南山建立淮上军烈士纪念碑，并改名为中山公园。园内孤峰耸峙，怪石嶙峋，亭台掩映，花木扶疏，建有中山公园门楼、三民池、拨云台、拨云阁、蚌山图书社、公共体育场等设施，子弹形的纪念碑塔体非常别致。1973年公园命名为南山公园，结束了存续44年的中山公园名称。

1981年6月，蚌埠市政府将南山公园改名为南山儿童公园。公园面积5公顷，南山海拔高度44.8米，依山建有电动飞机、游艇、空中转椅等儿童游艺设施。山北角有儿童小车场，山南有利用自然地形建设的园中园，内有花房、水池、假山、喷泉等。

7. 开封中山公园

开封中山公园位于河南省开封市中山路，在明代为周藩王府，清顺治时期，在周王府旧址上设立了贡院，作为考试举人的场所。康熙年间在原周王府煤山上修建了一座万寿亭，亭内供奉皇帝万岁牌位，煤山改为龙亭山，简称“龙亭”。民国14年（1925年），河南督军胡景翼对龙亭贯穿南北的驰道进行增修，将龙亭东西两侧的上下蹬道改建为砖砌台阶，东侧山丘上修四方亭一座，并命名为龙亭公园。民国16年（1927年）冯玉祥二次来豫主政，改龙亭公园为中山公园（图1.2-65）。在南面的牌楼式石柱大门中，横额书写“中山公园”四字；东柱书题“遵守总理遗嘱”；西柱书题“实现三民主义”；另东横额书“自由”二字；西横额书“平等”二字。1929年在照壁后、真武殿废址前，竖立孙中山先生铜像一尊，台上大殿为中山俱乐部。东偏院清虚室三间，改设图书室，流杯亭三间，改信陵馆三间，均敷设茶社，至此，公园已初具规模。1931年，原牌坊东额“自由”改为“天下为公”，西额“平等”改为“民众乐地”，龙亭大殿正中悬挂孙中山遗像。

1942年，伪河南教育厅在龙亭设立新民教育馆，改中山公园为新民公园。1953年，

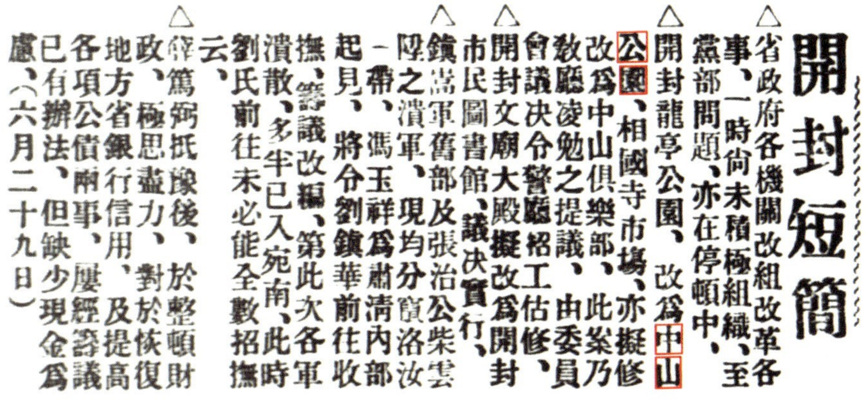
開封短簡

△省政府各機關改組改革各事、一時尚未積極組織、至黨部問題、亦在停頓中、

△開封龍亭公園、改爲中山公園、相國寺市場、亦擬修改爲中山俱樂部、此案乃教廳凌勉之提議、由委員會議決令警廳招工估修、

△開封文廟大殿擬改爲開封市民圖書館、議決實行、

△鎮嵩軍舊部及張治公柴雲陞之潰軍、現均分竄洛汝一帶、馮玉祥爲肅清內部起見、將令劉鎮華前往收撫、籌議改編、第此次各軍潰散、多半已入宛南、此時劉氏前往未必能全數招撫云、

△薛篤弼抵豫後、於整頓財政、極思盡力、對於恢復地方省銀行信用、及提高各項公債兩事、屢經籌議、已有辦法、但缺少現金爲慮、（六月二十九日）

（图1.2-65）《大公报》1927年7月10日报道开封龙亭公园改为中山公园

正式命名为龙亭公园。自1927年至1942年，中山公园名称存在的时间为15年。公园名称历经龙亭公园、中山公园、新民公园，最后又恢复成龙亭公园，对孙中山先生的纪念性意义也随着消失。

8. 万县中山公园

万县中山公园位于今重庆市万州区，最初为1924年建立的万县商埠公园，1925年杨森筹资扩建，1926年为纪念9月5日英舰炮轰万县惨案，更名为"9·5公园"，由朱德题名。1928年为纪念北伐战争胜利，更名为中山公园，主要建设了九五图书馆、古物陈列馆、钟楼（图1.2-66）等建筑，同时整修了花园、水

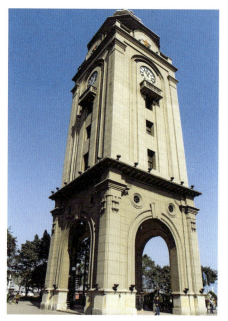

（图1.2-66）万县中山公园钟楼

池、道路、亭台等，同年因开辟西山公园景点，王陵基题词西山，公园从此更名为西山公园。公园现有钟楼、五洲池、静园、月台、观赏花木林等六个景区，并有"九五魂"雕塑、抗战阵亡将士纪念碑、库里申科烈士墓园等。

9. 绵竹中山公园

绵竹中山公园园址位于今四川省绵竹市文化广场。民国初，以城南南轩祠（今南轩中学）作公园，占地17982平方米，园内修竹苍木，亭台假山，环境幽雅，每年正月游城会和端午节开放，民国18年（1929年）租祥符寺空坝、林园、菜园19980平方米，由公园事务所筹建公园。至民国25年（1936年），建围墙710米、路528米，凿池6660平方米，建桥3座、戏园1座，植花木千余株，定名为中山公园。南轩祠公园随即关闭。由于园内多次驻扎军队，后对设备、建筑、花木、水池、亭台、花园、假山、道路进行整修。

1949年，园内主要建筑有桂香亭、湖心亭、萼亭、静香亭以及茶园3处、阅报室1处。中华人民共和国成立后，于1950年更名为绵竹人民公园。中山公园名称自1936年至1950年，存续14年。

10. 长春中山公园

长春中山公园位于吉林省长春市宽城区人民大街北段西侧，最早为头道沟公园，水沟周边杂草丛生。1914年，日本南满洲铁道株式会社决定改造头道沟公园，聘请日本园林设计师白泽保美，实地考察头道沟，用半年时间完成设计方案。1915年9月6日，

公园开放，改名为西公园，修建了运动场、动物园、游泳池、潭月池等设施。1938年，西公园改名为儿玉公园。1945年8月日本投降后，公园改名为鲁迅公园。1946年5月，改名为中山公园。《松花江》1946年第2期刊登了长春中山公园的照片，游人在河中划船游乐。1947年第4期的照片中，河流两侧绿树茂盛，水中有小岛和拱桥、平桥等，富有园林韵味。1948年南京《中央日报》周刊刊登的中山公园广场上有孙中山先生的画像。

1948年长春解放后，公园得以恢复和重建，1949年3月，中山公园改名为胜利公园，公园正门的孙中山画像换成了毛泽东主席的立像。公园面积24.5公顷，其中水面2.6公顷，有主入口广场区、园中园、春城乐园、风景林休闲区、体育健身区、中心湖区、荷花池、湖心岛等景区，是一处集文化娱乐、儿童游艺、健身、观赏、游览、休息于一体的市级综合性公园。长春中山公园的名称虽然只存续3年，却是公园百年历史中值得纪念的一段。

此外，太原中山公园原为文瀛公园，1928年更名为中山公园，1937年改名为新民公园，太原解放后改名为人民公园，2009年复名为文瀛公园（详见190页太原人民公园），中山公园名称保持了9年。保定中山公园原为城南公园，1928年更名为中山公园，1936年改名为人民公园，1995年更名为保定市动物园（详见187页保定人民公园），中山公园名称保持了8年。

‖ 四、消逝的中山公园 ‖

1. 河北阳原中山公园

阳原中山公园原为龙泉公园，民国8年（1919年）建成。民国15年（1926年），阳原县建设局将此园重新修建，更名为中山公园。1930年，县长刘志鸿慨捐重资，在泉的附近建桥一座、八角亭一座、六角亭两座，并于高公泉之南砌一泉，名之曰"刘公池"，当地人称海子堰。

天津《大公报》1931年7月6日刊载了一篇关于修理公园的文章如下：县城西郊，旧有龙泉公园，风景之优美，为全县冠，自改中山公园，拟即从事修理，惟以筹款困难，延未实现，本年当局决计兴工，于旧泉之南，开新泉，并于公园对方，建筑三亭，既可避暑休憩，复可望景赏情，经此点缀，益形幽雅，刻工已告竣，所费拟由各界捐助（图1.2-67）。

同年8月2日第5版刊登一文：公园立碑。阳原通信，县城西郊之外中山公园，修理工程告竣，三亭均已题名，中曰观海，北曰赏泉，南曰咄泉，新泉立刘公池碑，与旧泉高公泉碑相对照（图1.2-68）。中山公园临近各机构和学校，每到夏季，树木茂盛，百花争艳，游人倍增，热闹异常。

1958年，县政府在海子堰西侧建立了占地17亩的烈士陵园，安葬着159名革命烈士。1977年，张家口地区民政局拨款修缮，建有烈士纪念厅、烈士事迹展览室等，并在四周添置蓝色钢筋护栏。中山公园现已不存。

2. 广西南宁中山公园

广西南宁与孙中山先生也有着联系，民国10年（1921年）10月24日，孙中山出巡抵达南宁，所乘火渡轮在邕江商埠码头靠岸登陆，10月26日用粤语作了《关于广西善后方针》的演讲。当时的广西壮族自治区政府在原来南门城外商埠东面的趣园遗址开辟而成一座公园，起初名为商埠公园，民国17年（1928年）更名为中山公园。

公园面积7公顷，城堡式的大门融中西风格于一体（图1.2-69），内有湖泊、石桥（图1.2-70）、九曲桥（图1.2-71），水边有凉亭，水中有十多艘游船，供游人租借乘

(图1.2-69) 20世纪30年代的南宁中山公园大门（《广西一览》）

(图1.2-70) 20世纪30年代的南宁中山公园石桥（《广西一览》）

坐、划桨畅游。园内饲养了猴子、猩猩、狗熊、老虎、狐狸、鹰、鹦鹉、大蟒蛇等动物，不收门票，群众可随意出入游览，还有为纪念中国国民革命军第十六集团军桂南抗战阵亡将士所修建的红亭、南宁广播电台等。1933年还在公园北面入口处建起广西省立第二图书馆（也称南宁图书馆）。由于中山公园位于邕江边上，亭台水榭，环境优美，成为当时人们最大的活动场所，是当年南宁最著名的地标之一。

(图1.2-71) 南宁中山公园九曲桥（《地学季刊》1936年第2卷第4期）

南宁中山公园位于民国广西省政府大院旁，1951年，中山公园被拆除。园址现为广西军区大院的一部分和自治区直属机关第一幼儿园一部分，位于南宁市青秀区植物路的中段。

3. 广西桂林中山公园

广西桂林留下了不少孙中山先生的足迹。1921年，孙中山率北伐军驻桂林，以王城为北伐大本营，在这里会见了共产国际代表马林，接受了马林关于"联合苏俄"和建立革命军校的建议；发表了《知易行难》的演讲；检阅了北伐军；确立了青天白日旗为"中华民国"国旗，并于1922年元旦在王城举行了首次升旗仪式。为纪念孙中山先生，1925年冬，在桂林王城内修建中山公园，大门上悬谭延闿所书"中山公园"。从王城的北半部，包括独秀峰、月牙池，一直到西边的城墙为界，都筑有围墙，沿路栽种松树、柏树。将玉皇阁改建为中山纪念馆，馆中悬挂孙中山的巨幅画像。独秀峰东麓，建有仰止亭，亭前建有三角形中山纪念塔。1936年，广西省会由南宁迁回桂林，省政府设在王城内，中山公园成为省府后院，停止开放。抗日战争末期，中山公园毁于日军的狂轰滥炸。1981年人民政府拨专款修复中山纪念亭和中山纪念碑。

4. 贵阳中山公园

中山公园旧址位于贵州省贵阳市云岩区中山西路，其前身为梦草公园，亦称贵州公园，建于1912年9月，是贵阳最早的公园。1926年初，公园的正式名称是贵阳市公园，而老百姓仍称梦草公园，因贵阳当时仅有此一处公园，有时干脆叫"公园"。1929年，毛光翔主政贵州时，梦草公园正式改名为中山公园。

中山公园所在地，在明代初期，先是贵州提学副使毛科的府邸，后是贵州提学副使谢东山的住宅，内中有池塘，池塘始改名梦草池，取自谢灵运"池塘生春草"的诗意。明末，曾是贵阳著名诗人吴中蕃（吴滋大）的别墅梦草堂，经多年培植，梦草池成为贵阳颇具名声的园林胜地。清代，成为按察使署，辛亥革命以后辟为公园。

公园开办之初，梦草池内荷花怒放，池中有池心亭（图1.2-72），民国初年陈衡山有联："池上诗萦春草梦，水心人坐藕花风"。池心亭旁有光复楼、紫泉阁、吴滋大先生祠、得月轩等楼台亭阁，光复楼藏有平播钟，是明代贵州巡抚郭子章平定播州（今遵义）后所铸造。池塘周围皂角、冬青等古木参天，曲径通幽。此外，公园还养有虎、狮、水獭、仙鹤等动物，供游人观赏。园中景色宜人，市民在此纳凉闲坐，是那一时期当地重要的市民活动空间。

中山公园在随后的岁月因军阀混战，无人管理，逐步破败，后来军阀周西成将公园作为省政府招待所，公园已名存实亡。国民党中央军入黔后（1935年以后），这里次第成为绥靖公署、警备司令部、省参议会驻地，公园逐渐被破坏。如今，中山公园已不复存在，其旧址成了繁华的步行街。

（图1.2-72）20世纪30年代的贵阳中山公园池心亭

5. 福建长汀中山公园

长汀中山公园旧址位于福建省长汀县城今长汀一中校园内,为古代汀州府署所在地。1930年,苏区红军将此地辟为列宁公园。1934年红军长征后,改名为中山公园。公园占地4公顷,从公园大门可直通卧龙山麓,园内亭榭花圃,依山而筑,历经千年的古樟树,绿叶掩映,呈现出一派天然美景,原有朱德阅兵处、瞿秋白英勇就义前的饮酒亭、元代灵龟寺的断头石龟,以及利用天然古樟树洞设置的斗棋洞。1941年厦门大学搬迁至此。现为长汀一中、长汀少体校校址。除饮酒亭已经修复外,余景大都不存。

1932年6月,列宁公园举行纪念"五卅"武装总检阅大会,欢庆红军攻克漳州,朱德任总指挥举行检阅。"八一"期间,列宁公园举行纪念"八一"暨欢送新战士参加红军大会,到会群众八千余人。1933年4月,列宁公园召开红军第四次反围剿胜利大会。

1935年瞿秋白在长汀被捕,蒋介石下达命令"就地枪决,照相呈验",于是在中山公园照相并于园中亭内用了刑餐,随即押往西郊刑场,一代爱国志士英勇就义,其年三十六岁。秋白亭是后来复建,为六角亭。

1937年末,厦门大学内迁闽西长汀,师生翻山越水,徒步23天,于1938年初陆续抵达长汀,向长汀县政府申拨土地扩建校园,在虎背山旧中山公园荒地两三年间陆续兴建各类教室、阅览室、实验室、图书馆等设施。厦门大学战时在中山公园办学期间,给长汀带来了进步的思想和科学文化,长汀时期,厦大在国际上颇有盛名,很多外国学者到校参观,促进了古城汀州的文化教育事业,使长汀成为中南抗战后方文教、经济的集结地之一。一直到抗战胜利后第二年,厦门大学才结束了在长汀的岁月,回到厦门重建校园。

抗战结束后,厦门大学复员返厦,所属中山公园校舍及部分教具,归长汀中学接管,成为长汀中学的第二校舍。后来屡次修建、扩展,龙山书院、汀州试院、定光古寺、府署旧址(即中山公园),都并入长汀中学校园之内。

6. 浙江贺城中山公园

贺城中山公园位于原浙江省淳安县贺城郊西北部(图1.2-73),依山构筑,占地1.8公顷,1938年开始兴建,是当时公众活动的主要场所之一。

抗日战争爆发后,淳安成为后方重镇,杭嘉湖地区难民、工商业者和一些政府机构、学校纷纷来到淳安,还有军队驻扎,贺城的人口骤增,公众活动场所顿时显得狭窄不堪。为满足公众的需要,县长李文凯等人确定在天镜山开拓一所公园和广场,并起名中山公园,以纪念孙中山先生。

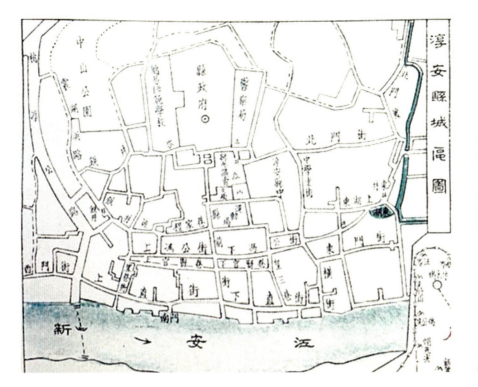

(图1.2-73) 民国时期的淳安县城图（示左上角中山公园）

淳安在历史上先后更名多次，南宋定名淳安沿用至今，贺城一直为县治所在地。1955年10月，电力工业部选址淳安和建德交界的铜官，建设新安江水电站。1959年4月30日，两县29万人移民他乡，9月21日，新安江截流，库区开始蓄水，随着千岛湖的形成，包括中山公园在内的整个贺城沉入水底而消失。

7. 浙江嘉兴中山公园

据《新闻报》1929年5月25日报道，嘉兴中山公园勘定在天心湖畔，原计划拓地20余亩，天心湖也划入园中，后因经费不易，先开辟东北5~6亩之部分，拟设法扩充。1931年为纪念嘉兴参加辛亥革命的七位先烈，建辛亥革命七烈士纪念塔。中山公园后改为儿童公园。1979年辛亥革命七烈士纪念塔被拆，改建成南湖饭店。1986年在临近的嘉兴人民公园建辛亥革命烈士纪念塔。中山公园现已不存，原址成为居民区，保存有中山路。

8. 浙江长兴中山公园

《新闻报》1927年12月1日报道了浙江长兴县中山公园筹备情况，长兴建设中山公园，已经长兴第一次全县代表大会议决，建设内容包括图书馆、宣讲所、公共运动场、俱乐部、古迹保管所、中山商场、大门等部分，广栽应时花木，并利用大成殿、明伦堂等建筑进行改造。后公园渐毁，1946年2月，长兴县立初级中学在中山公园设立开学，2012年8月，中学更名为长兴县龙山中学。

9. 上海黄渡中山公园

1928年5月8日《时报》报道，上海嘉定区黄渡镇施家池，还有空地，由县党部暨商界等提议建筑中山公园，以为市民娱乐休憩之所，现已着手进行，大约二月以后，便可开放。公园东南角建有逸仙亭，亭西是月牙状荷花池，东北角有一个高约5米的土丘，上栽银杏树，土丘西是中山礼堂。虽然规模不大，但到处体现着纪念的色彩，寄托着广大民众对革命伟人的崇敬之情。自1929年起，国民政府规定以3月12日孙中山逝世纪念日为植树节。每年的这一天，黄渡各界人士自发前往中山公园植树，历经数年绿树成荫。1937年抗日战争爆发后，公园毁于日军的炮火。

10. 广东河源中山公园

河源县中山公园位于今广东省河源市源城区公园西路，1927年，县长张尔超及部分绅士发起在东校场开辟中山公园，后续由国民党第一军一五四师师长张梅新、第三军第八师师长黄质文建成，建有中山纪念堂、民众教育馆、观稼亭、足球场、排球场等运动和文化活动场所。中山纪念堂与民众教育馆之间挖有一口荷花池，池上建一座拱桥，名叫三民桥，三民桥西面建了一座三拱牌坊，中间大，两边小，中间拱门书"中山公园"，东面书"天下为公"，西面书"湖光山色"。如今中山公园仅存中山公园牌坊，许多建筑如中山纪念堂、民众教育馆、观稼亭、荷花池及池上的三民桥都已消失或改建，成为河源市革命历史纪念馆、河源烈士陵园、源城区人民法院等。

11. 其他中山公园

很多中山公园由于保存下来的资料有限，很难寻觅其踪，现摘录一些：

松江中山公园：原隶属于江苏省松江县（现为上海市松江区），《新闻报》1929年11月26日和12月26日先后报道了松江中山公园筹备的情况。1935年8月进行改建，1936年2月开幕。1941年还在中山公园内举行了植树典礼。

江苏省南通中山公园：1937年3月23日《大公报》有报道，县教育局21日在南通中山公园举行乡土教材及教学成绩展览会。

浙江省海宁、吴兴、绍兴、桐庐中山公园：《民众生活》1930年1月刊登了海宁中山公园的照片。《浙江建设月刊》1931年第5卷第3期刊登了吴兴县中山公园和绍兴县中山公园的照片（图1.2-74）。《学校生活》1933年第49期刊登了桐庐中山公园的照片。

江西省安福、新干、赣州、宁都、玉山中山公园：《江西地方教育》1936年第49期和55期分别有关于安福中山公园和新干中山公园的报道。新干县城中山公园久未修理，荒芜不堪，附近居民游览其中，感叹满地荆棘，县府于是派人重新修理布置，清理所有荆棘，又有一番新景象。《知行月刊》1936年第1期刊登了宁都中山公园的照片，有水体、桥亭和纪念碑等。赣州中山公园有孙中山铜像。《大公报》1941年5月17日报道，玉山中山公园原来很简单，自浙赣路局一再经营，先后修建了图书馆、球场等公共场所，成为该县唯一胜地，近来又新建一儿童乐园，设备较为完善（图1.2-75）。

广东省增城、雷州、三水、南雄中山公园：增城中山公园为1926年拆城隍庙和参将署后辟建，1928年设增城民众教育馆，1938~1945年间为日军野战仓库，1947年建幼稚院，1969年建为增城镇第一小学，现为荔城街第一小学。

雷州中山公园位于雷州市西湖大道，雷州原称海康县，跨过天宁寺的山门有一个小广场，即是民国时期中山公园所在地，广场的角落还存有一块"总理遗嘱"石碑，广场最显目的当属苏东坡题写的"万山第一"石坊，为天宁寺的镇寺之宝。1935年11月，海康县民众教育馆与中山图书馆、中山公园合并。

佛山市三水区中山公园为民国18~20年（1929~1931年），在原三水县城学宫至文明门之间建成。《时报》第363期还刊登了广东省立女师附小中山公园的照片。

四川省阆中、三台、绵竹、乐山、津沙中山公园：1929年，在现阆中市公园路的北侧建有颇具规模的阆中中山公园，属当时川北最早、最大的公园。《梁思成全集》有"观音寺在县治东北三里，明成化间自城内徙此，现改中山公园"。可惜的是1935年军阀败退撤出阆中时，将公园烧毁。《党务汇刊》1934年第2期刊登有阆中县中山公园和三台县中山公园全景照片。《大公报》1942年8月24日报道称，川中津沙第二次扩大县政会议圆满闭幕，决议修整中山公园。

河南省偃师、洛阳、焦作中山公园：天津《大公报》1928年12月9日提到"在洛阳中山公园开豫西清乡运动大会"。偃师中山公园于1930年建立，1935年7月伊洛河发大水被淹没后无存。《河南中原煤矿公司汇刊》1931年2期刊登河南焦作中山公园风景照，有广场、楼台、亭、屋等。

河北省玉田中山公园：天津《大公报》1928年12月9日提到，县教育局前开全体会议，决定将城内孔庙改充为中山公园，并附设平民夜校、通俗讲演社、民众图书馆、阅报社等，现正在动工修理（图1.2-76）。

福建省建瓯、漳平中山公园：根据历史照片，建瓯县中山公园建有总理纪念亭，为六角亭，四周树木葱茏荫蔽。漳平县中山公园，有池塘、亭和二层西式楼房等。

中山公園

吳興縣中山公園，景緻優雅，為各縣之冠，上圖為公園之大門，下為園之內景。

（富陽縣）

(图1.2-74) 吴兴县中山公园和绍兴县中山公园（《浙江建设月刊》1931年第5卷第3期）

海滨部
（海宁县）

建筑中之全景 （桐庐县）

此外，广西柳州中山公园和阳朔中山公园均有报道。

玉山儿童园

【玉山四日特讯】玉山中山公园，原极简陋，自浙赣路局一再经营，先后修建公馀社、图书馆、球场等公共场所，遂成该县唯一胜地，该局近又建一儿童乐园，设备颇完善，五岁以下儿童均可入游。

（图1.2-75）玉山中山公园（1941年5月17日）

玉田孔庙改中山公园

【玉山公园】顷教育局前朋全体省议，决将城内孔庙改充中山公园，并附设平民夜校、通俗讲演社、民众图书馆、阅报社等，现正在勤工修理，以久经锢禁之圣庙，今竟开放，任人游览，其中苍松翠柏，古碑巍然，诚有耐人观瞻之意味，而一般殁专制遗毒，麻醉最深之老学究，代孔氏大呼伤焉，亦可见封建社会印像之深矣。

（图1.2-76）《大公报》天津版1928年12月9日提到"玉田中山公园"

第三节
中山公园的纪念特征

孙中山先生是伟大的民族英雄、伟大的爱国主义者、中国民主革命的伟大先驱，一生以革命为己任，立志救国救民，为中华民族作出了彪炳史册的贡献。为缅怀他为民族独立、社会进步、人民幸福建立的不朽功勋，弘扬他的革命精神和崇高品德，各地建立了各种形式的纪念空间，有中山路、中山广场、中山公园等，其中中山公园与人们的生活最为紧密，纪念意义也更强。

中山公园内除了建有孙中山塑像、孙中山纪念馆、纪念堂、纪念碑等纪念物外，还有反映时代的烈士纪念碑、纪念亭等纪念物，成为承载历史记忆的纪念性空间。因此，中山公园无论是在历史上还是在今天，都承担了中华历史文化的纪念性功能。

一、孙中山的纪念符号

（一）孙中山像

孙中山先生是中国伟大的革命家、政治家和理论家，是近代民主主义革命的先行者。为纪念孙中山先生，不少中山公园在入口、中心广场等显要位置建立孙中山塑像，突出公园的主题和纪念作用，成为公园的标志性要素。各中山公园的孙中山塑像，有全身像、半身像、坐像等，质地也有所不同，有铜像、花岗岩等石质雕像，但都寄托了创作者的哀思，也让公众对孙中山先生产生敬仰之情。

1. 北京中山公园孙中山像

该雕像位于保卫和平坊正北处，铜像高3.4米，重1.8吨。基座高1.6米，为黑色大理石贴面。正面镌刻着邓小平同志书写的"伟大的革命先行者孙中山先生永垂不朽"鎏金题字（图1.3-1）。纪念铜像是1983年3月由54位北京市政协委员提

（图1.3-1）北京中山公园孙中山像

案,为纪念孙中山逝世六十周年而立。经北京市委批准,1985年初首都城市雕塑艺术委员会决定推荐市政协委员、中央美术学院教授曾竹韶主持设计,北京机电研究院铸造所铸造。基座由北京建筑艺术雕塑厂制作,铜像广场绿化由北京园林设计所设计,中山公园施工,1986年11月12日举行了落成揭幕式。铜像为孙中山身着中山装的站立姿势,神态非凡,形象逼真地表现了孙中山先生作为伟大民主革命家的领袖风度。

2. 天津中山公园孙中山像

2006年11月8日,孙中山先生全身铜像在天津中山公园落成,铜像高2.2米,重2吨,安装在2.3米高的基座上。铜像建于1100余平方米的广场上,周围有黄杨篱围绕,显得伟岸庄重。这是孙中山先生的孙女、美籍华人孙穗芳博士提议并捐建的。

天津中山公园原名河北公园,孙中山先生曾先后两次到公园巡查和演讲。该铜像表现了1912年8月24日孙中山先生在原河北公园演讲时气宇轩昂的风采(图1.3-2),铜像背面镌刻了孙中山当年"造成共和·赞成共和·维持共和"的演讲词,"近吾国颇有南北界之说,其实非南北之界线,实新旧之界线……吾国数千年之专制,一旦变为共和,诸多障碍固属意中事。此后仍需造成共和及赞成共和诸君子竭力维持"。

(图1.3-2)天津中山公园孙中山像

3. 沈阳中山公园孙中山像

沈阳中山公园始建于1924年,日本占领时称千代田公园,1946年更名为中山公园。孙中山铜像于1986年11月安放在东门广场上,由鲁迅美术学院创作。孙中山先生铜像立于黑色基石上,他手执文明杖,健步前行,基座上镌刻着他曾题写的"天下为公"鎏金大字,背景为苍松翠柏,显得庄重肃穆(图1.3-3)。

（图1.3-3）沈阳中山公园孙中山像

（图1.3-4）大连中山公园孙中山像

4. 大连中山公园孙中山像

大连中山公园始于1911年日本人建的圣德公园，1945年更名为中山公园。2003年沙河区政府对公园进行改造，在广场上竖立孙中山先生铜像。孙中山先生铜像立于白色底座上，身穿中山装，外罩风衣，拄着文明杖，基座上镌刻"天下为公"，背景为常绿的柏树和雪松（图1.3-4）。

5. 青岛中山公园孙中山像

青岛中山公园最早为1901年德国建的森林公园，1914年日本改建为旭公园，1922年改称青岛第一公园，1929年定名为中山公园至今。2001年公园建园100周年之际，在孙文莲池对面建一座孙中山石像，高5米，宽8米，下面镌刻"'伟大的革命先驱孙中山先生（1866~1925）'，中国人民政治协商会议青岛市委员会2001年10月立"（图1.3-5）。雕像背景为雪松和桧柏，衬托出孙中山先生的伟岸。

6. 济南中山公园孙中山像

济南中山公园最初为1904年建立的商埠公园，1925年改名为中山公园。南入口广场上矗立孙中山先生手捧书本的塑像（图1.3-6），碑座为3层八角形黑色大理石质，中间镌刻着孙中山题写的"天下为公""有道德始有国家，有道德始成世界"以及三民主义自序、国父遗

（图1.3-5）青岛中山公园孙中山雕像

嘱等文辞。最上层为格物、致知、诚意、正心、修身、齐家、治国、平天下，出自《礼记·大学》。最下层为忠、孝、仁、义、信、平、和、爱，是儒家思想的精髓。碑上文字均为中英文对照，体现孙中山先生中西兼学、古今通读的博大学识。

7. 武汉中山公园孙中山与宋庆龄铜像

武汉中山公园前身为1910年刘歆生建的私人花园"西园"，1928年改建为中山公园。2009年11月12日孙中山先生诞辰143周年之际，在公园胜利广场落成全国首座孙中山与宋庆龄双人铜像，高4.6米，基座高2.7米，花岗岩质，镌刻着"孙中山与宋庆龄"（图1.3-7）。雕像位于广场中心，取材于二人1915年10月25日在日本拍的结婚照，孙中山先生西装革履，手执文明杖，宋庆龄头戴圆帽，身穿长裙，两情相依，成为视觉焦点。

8. 江阴中山公园孙中山像

1912年秋末，孙中山先生乘"联鲸"号军舰来到江阴考察，曾专程到桐梓堂演讲，对江阴寄予厚望，提出了"叫全国的文明从江阴发起"。桐梓堂旧址在原大庙巷西乡城隍庙内，后迁建到江阴中山公园，并在公园桐梓堂立孙中山塑像（图1.3-8），后面为孙中山先生的演讲全文，上悬"天下为公"匾额。室内有纪念孙中山先生的展览，分为走出翠亨，立志救国；领导起义，推翻帝制；创建民国，辞让总统；视察各地，宣传民主；反袁护法，捍卫共和；联俄联共，誓师北伐；毅然北上，鞠躬尽瘁；世纪伟人，永恒纪念8个部分，以图文方式介绍孙中山先生的伟大一生。

（图1.3-6）济南中山公园孙中山铜像

（图1.3-7）武汉中山公园孙中山与宋庆龄铜像

（图1.3-8）江阴中山公园桐梓堂孙中山塑像

9. 厦门中山公园孙中山像

厦门中山公园始建于1927年，1931年基本建成，为纪念孙中山先生而命名。公园依山就势，四周以短墙围成，设东西南北4个各有特点的门楼。1985年，在南门广场内竖立孙中山先生铜像，雕塑由广州美术学院潘鹤教授设计，连同底座高达7米，底座为方形花岗岩基石，正面镌刻着"伟大的民主革命先驱孙中山先生"。孙先生手执文明杖，凝望远方，慈祥端庄，背景为高大挺拔的大王椰子，衬托出伟人的气质（图1.3-9）。

（图1.3-9）厦门中山公园孙中山铜像

10. 漳州中山公园孙中山像

漳州中山公园始建于1918年，原名漳州第一公园，1926年改名为中山公园。2008年改造时增建了中山广场和孙中山雕像。孙中山铜像高3.8米，石质基座高3.3米，位于广场一端，后面有绿树围绕。孙中山先生身着长衫，手拿礼帽和文明杖，呈沉思状，底座镌刻着"天下为公"四个金色大字（图1.3-10）。

11. 泉州中山公园孙中山像

泉州中山公园原址为清代督署内园，1929年辟为公园。2015年由香港孙中山文教福利基金会捐建孙中山铜像，高2.56米，重1吨，立于方形石质基座上。孙中山先生身着中山装，外披风衣，一手挂着文明杖，一手紧握书卷，双眼凝望远方，透露出政治家的眼光、革命家的气魄、思想家的深邃，显示出踌躇满志的风范（图1.3-11）。铜像位于广场轴线上，前面为花坛，两侧凤凰木和羊蹄甲簇拥，成为公园的标志性景观。

12. 深圳中山公园孙中山像

深圳中山公园始建于1925年，由曾任宝安县县长的胡钰先生筹建。1998年中山公园改建，至1999年开放，在南入口区建设了孙中山大型石雕半身像，高10米，长27米，为目前全国最大的孙中山头像石雕（图1.3-12）。石雕由著名雕塑家钱绍武先生主持，孙中山先生凝神远望，目光坚毅，两旁展示了战士们肩抗弹药、手握刀枪进行浴血奋战的场景，规模宏大。雕塑背面刻有孙中山的名句"吾志所向，一往无前，愈挫愈奋，再接再厉，用能鼓动风潮造成时势"，足见其坚韧不屈的革命精神。

（图1.3-10）漳州中山公园孙中山像

（图1.3-11）泉州中山公园孙中山铜像

（图1.3-12）深圳中山公园孙中山雕像

13. 黄埔中山公园孙中山像

黄埔中山公园位于广州市黄埔区长洲岛上，2002年建成开放，是为纪念孙中山先生而建。黄浦区人民政府于2002年6月在公园入口广场立孙中山雕像（图1.3-13），并在雕像下方撰文"中国民主主义的先驱、中华民国的创始人孙中山先生于1924年6月16日，在黄埔长洲岛创办了陆军军官学校，即黄埔军校，培养了大批军事政治干部，对中国革命事业作出了重大贡献，塑此铜像，以志纪念"。雕像高5米，中山先生左手执杖，右手持礼帽，眼望前方，身后为常绿的罗汉松，衬托出伟人的风格。

（图1.3-13）黄埔中山公园孙中山雕像

14. 中山市孙文纪念公园孙中山雕像

孙文纪念公园于1994年兴建,"孙文纪念公园"匾额由欧豪年书写。孙中山先生铜像位于山顶,沿石级而上,有雄伟的花岗岩门楼以及6座高大的盘龙华表。孙中山铜像立于高台之上,身着西装大衣、马甲领带,双手执杖,凝视远方(图1.3-14)。顺着孙中山先生塑像的目光北望,是现代化的中山市城区,往南看是中山人用善款兴建的博爱医院。雕塑底座的南侧,刻有中山市人民政府1994年11月12日立《孙中山先生雕像赞》,记录了他的丰功伟绩,摘录几段如下:

桂岭之阳	珠水之滨	钟灵毓秀	笃生哲人	民主革命	揭橥先行
登高攘臂	谷应山鸣	振兴华夏	宏济苍生	不屈不挠	十蹶十起
创造共和	铲除帝制	完成统一	功成不居	大公其怀	大同其旨
国共合作	唯公首事	改革开放	先觉先知	建国方略	宏谟垂纲

孙中山先生铜像周围是龙柏山、松园、竹园、梅园等,象征孙中山先生傲雪凌霜的革命精神、虚心亮节的高贵品质及振兴中华的坚强意志,表达对孙中山先生的永久怀念。

全国建有孙中山雕塑的中山公园有40余座,有不少是20世纪80年代以后在改造工程中增建的,成为公园的标识性景观,可见孙中山塑像在中山公园的纪念空间营造、主题体现和文化挖掘等方面的重要作用。

(图1.3-14)中山市孙文纪念公园孙中山雕像

（图1.3-15）北京中山公园中山堂

（二）孙中山纪念堂（馆）

孙中山纪念堂（馆）为大型建筑，是举办活动和展览的场所，全国大概有16座中山公园建有中山纪念堂或纪念馆，但对外开放或举办常年展览的并不多。孙中山纪念堂是宣扬孙中山先生热爱祖国、心系民众、追求真理、坚忍不拔的精神的绝佳场所。

1. 北京中山公园中山堂

北京中山公园中山堂原为社稷坛拜殿，建于明永乐十九年（1421年），黄色琉璃歇山屋面，朱漆门窗，白石基台，面阔5间，进深3间，建筑面积950.4平方米（图1.3-15）。1925年3月12日孙中山先生逝世，3月19日其灵柩由协和医院移至中央公园拜殿，3月24日起举行隆重的公祭活动。1928年河北省和北平特别市政府决定将拜殿改建为中山纪念堂，同时将中央公园改名为中山公园。1929年3月中山堂动工，5月竣工落成。中山堂内有孙中山先生汉白玉坐像（图1.3-16），上悬"天下为公"匾额，展出了孙中山先生的遗物、照片等资料（图1.3-17），有"津京上书，立志革命""视察北京，宣传民生""为求统一，抱病进京""隆重公祭，暂厝北京"等内容，成为人们纪念和缅怀孙中山先生的场所。每年孙中山先生诞辰和忌日，人大和政协等社会各界会在中山堂举行相关纪念活动。

（图1.3-16）中山堂内孙中山坐像

（图1.3-17）中山堂内展览

2. 沈阳中山公园孙中山纪念馆

沈阳中山公园孙中山纪念馆位于公园中部，占地500平方米，屋顶为仿古绿色琉璃瓦，外廊为红柱加彩画，墙面白色，显得古色古香（图1.3-18）。馆内有5个展厅，展览分"早期经历""推翻封建帝制，创立共和国""捍卫共和制度，愈挫愈勇"等部分（图1.3-19），文字和图片丰富，展现了孙中山先生寻求和平救国的艰难历程，成为爱国主义教育的良好基地。

（图1.3-18）沈阳中山公园孙中山纪念馆

（图1.3-19）沈阳中山公园孙中山纪念馆内的展览

3. 梧州中山公园中山纪念堂

广西梧州中山公园内中山纪念堂于1926年奠基，1928年动工，1930年10月建成，是全国较早建成的孙中山纪念堂。孙中山先生在1921年底至1922年初曾3次莅临梧州，指挥北伐。从中山公园山脚至中山纪念堂前，设有10个平台，323级台阶，象征着孙中山先生曾领导过的10次武装起义，欲唤醒3.23亿同胞革命。

中山纪念堂位于北山之巅，前面广场上立有孙中山铜像，四周绿树环抱，显得庄严肃穆。建筑采用中西相结合的样式，一层为3个拱形门，门顶题刻"中山纪念堂"，楼顶为塔式圆顶结构，整个建筑高23米，建筑面积1330.5平方米（图1.3-20）。2006年列为全国重点文物保护单位。

（图1.3-20）梧州中山公园内中山纪念堂

4. 三河中山公园中山纪念堂

广东三河中山公园中山纪念堂位于梅州市大埔县三河镇，始建于1929年，为二层钢筋混凝土土木混合建筑，建筑面积476平方米，是全国最早建成的中山纪念堂。1918年孙中山曾莅临三河坝商议援闽讨伐北洋军阀吴佩孚事宜，为纪念此行的历史意义，由同盟会会员、中华革命党党员、新加坡同德书报社社长徐统雄先生倡议，并筹集巨资兴建中山纪念堂，纪念堂内孙中山先生挂像上书写的"博爱"二字为孙中山生前真迹。

中山纪念堂建筑外立面为古希腊式的柱式外廊，正前方为孙中山全身铜像，两侧为石质华表，采用中西结合的园林布局（图1.3-21）。中山纪念堂右侧有荷池和碑亭，碑高约3.5米，翔实记载了中山纪念堂和中山公园兴建的始末。

5. 石龙中山公园中山纪念堂

石龙中山公园始建于1924年,原名石龙公园。孙中山先生14次亲临石龙前线指挥战斗,为缅怀孙中山先生,改名为石龙中山公园。中山纪念堂始成于1937年,坐北向南,为二层砖木石结构。屡经战火后,于1950年由石龙人民捐资,石龙驻军出力重修,1997年停用。2016年重修完毕后,基本保持了建筑原貌,灰砖拱门,三角形尖顶(图1.3-22)。一层为演出大厅和小花园,二层为东征博物馆,成为集爱国主义教育基地、孙中山东征史迹陈列和文化展示的新阵地,既保留了历史记忆,又体现出新时代特征。

(图1.3-21) 三河中山公园中山纪念堂

(图1.3-22) 石龙中山公园中山纪念堂

6. 诏安中山公园中山纪念堂

福建漳州市诏安中山公园内中山纪念堂建于1930年,由李庆标捐款建造。建筑坐北向南,面阔18米,进深24米,高约15米,上书"中山纪念堂"(图1.3-23)。为中西合璧的砖混结构,中间圆伞形塔顶,穹顶山花,有波浪纹和花卉装饰,具有巴洛克式风格,非常精美,但年久失修,亟待维护。

（图1.3-23）诏安中山公园中山纪念堂

（三）纪念碑（塔）

纪念碑或纪念塔往往用于纪念历史性的事件或人物，具有极强的纪念意义。中山公园内的纪念碑（塔）主要位于广场上。

1. 江阴中山公园孙中山先生纪念塔

纪念塔始建于民国14年（1925年）10月，为纪念孙中山先生，由南菁、励实两校学生会捐赠，1936年重修。2003年1月28日江阴市人民政府移建纪念塔至中山公园，改为汉白玉质，立《中山纪念塔重修记》（图1.3-24）。塔身题"孙中山先生纪念塔"红色大字，非常醒目，下面为"南菁、励实学生会捐建，中华民国二十五年仲秋"。塔周围石楠篱环绕，后面弧形灰墙上题刻孙中山先生题写的"叫全国的文明从江阴发起"，背景为常绿香樟林，营造纪念的环境。

2. 厦门中山公园纪念碑

在厦门中山公园的东门广场上立有一座中山纪念碑，高20米，碑身耸立，线条笔直，棱角分明，具有强大的震撼力（图1.3-25）。碑身四面分别镶刻"天地正气""大道之行""天下为公""古今完人"，并有1932年1月的建碑铭文，表彰王永朝捐资建造。

3. 漳州中山公园内博爱碑

1919年在原漳州第一公园内建闽南护法区纪念碑，为混凝土结构，四方形，通高6.88米，碑高3.9米，底座边长2.98米，分4级，最底层阔4.7米（图1.3-26）。碑文：东

(图1.3-24)江阴中山公园孙中山先生纪念塔

(图1.3-25)厦门中山公园中山纪念碑

(图1.3-26)漳州中山公园博爱碑

面楷书"博爱"二字由孙中山题;西面楷书"互助"由陈炯明书;南面隶书"平等"由汪精卫书;北面篆书"自由"由章太炎题。

4. 诏安中山公园纪念碑

福建省漳州市诏安中山公园始建于1930年,中山公园纪念碑位于公园南入口处(图1.3-27),为公园重建时修建。

5. 宜州中山公园孙中山先生纪念塔

宜州中山公园位于广西壮族自治区河池市宜州市城中西路,1930年在香山寺原址上建中山纪念亭,1931年10月10日在入口处建孙中山先生纪念塔,上部为塔身,下面为基座,总高10米,立于高1.2米的平台上,塔身四面书写"孙中山先生纪念塔"。纪念塔正前方为孙中山先生铜像,身着西装,系着领带,胸前挂着怀表,坐在藤椅上。雕塑坐落在花坛中,面向纪念塔,四周种植着各种时令鲜花。

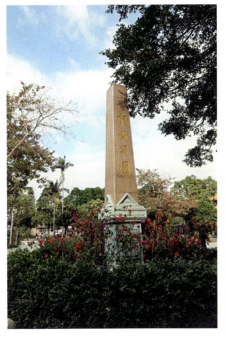

(图1.3-27)诏安中山公园纪念碑

此外,香港屯门中山公园内于1948年5月5日建孙逸仙博士纪念碑,高约6米,碑前立孙中山先生半身雕像,碑座正面镌刻"孙逸仙博士纪念碑记",表达对孙中山先生的纪念之情。

(四)中山纪念亭

亭在园林中应用非常广泛,不仅可做点景之用,还可供游人休憩。中山纪念亭样式较多,在中山公园内应用也较多。

1. 漳州中山公园中山纪念亭

漳州中山公园内中山纪念亭原为陈炯明1919年建的"漳州公园记"碑亭,1926年8月何应钦攻克漳州后改为中山纪念亭,于1927年元月在亭的四周镌刻孙中山《总理遗训》及何应钦撰写的《中山公园纪念亭记》。亭为石质,高2米有余,碑身为方形,外立4根圆柱,底座为不规则线形,顶罩圆形宝顶,造型精致,富于变化(图1.3-28)。

（图1.3-28）漳州中山公园中山纪念亭

（图1.3-29）龙岩中山公园中山亭

2. 龙岩中山公园中山亭

龙岩中山公园中山亭的设计者为民国时期龙岩驻军陈国辉的侄子，他曾在俄罗斯留学，中山亭仿希腊山花，用埃及金字塔式攒尖，又称希腊亭或埃及亭，四座方形石柱加穹顶，西式风格明显（图1.3-29）。中山亭位于梅亭山上，下为多级台阶，虽不高，但却显高大。

3. 龙海中山公园中山亭

福建省龙海市石码中山亭原为1923年北洋军阀师长张毅在公园北侧建造的益思亭，1925年何应钦将其改名为中山亭。中山亭为巴洛克式建筑，有着较强的装饰风格，一层为12根石柱，立于汉白玉底座上，二层4根石柱，上书有"中山亭"，顶部为钟状，上有一支利剑直指云端（图1.3-30）。整座亭建于台地上，显得雄伟壮观。中山亭少了昔日中山公园（最早为1923年建造的下墩仔尾公园）的周边环境，只有高大的榕树与其相伴。

4. 泉州中山公园中山亭

泉州中山公园中山亭位于东侧广场，2013年12月建成。中山亭为八角亭，红柱褐瓦金顶，匾额题"中山亭"（图1.3-31）。亭中设座靠，在周围树林掩映下，环境清幽，非常适合休憩。

（图1.3-30）龙海石码中山亭

(图1.3-31) 泉州中山公园中山亭

5. 中山市中山公园中山纪念亭

中山市中山公园位于烟墩山，建于1946年。1948年在公园西北面建中山纪念亭（图1.3-32），由华侨捐建，纪念亭呈长方形，四角八柱，柱子上方与绿色琉璃瓦顶接驳处均有"中山"字样的图案，亭上前面有"中山纪念亭"牌匾，后面有孙中山先生手书"天下为公"的牌匾。纪念亭位于小山丘顶上，前面坡地上种植蒲葵等树木，隐立于山林之中。

6. 杭州中山公园中山纪念亭

杭州中山公园中山纪念亭位于孤山，1927年为纪念辛亥革命领袖孙中山先生而建，

(图1.3-32) 广东中山市中山公园中山纪念亭

采用西方文艺复兴时期建筑形式，圆形重檐钢混结构，高约5米，直径3.9米，下层是6组12根罗马式立柱，顶部为精致的涡纹状装饰，上托欧式圆形穹顶（图1.3-33）。穹顶的外观是人字形结构，与下面柱子交叉起伏。亭子的上层突起一座小亭，由6根方柱撑起叠层圆顶。1929年3月12日，在亭后孤山营造了中山纪念林，与中山纪念亭共同营造了纪念孙中山先生的园林空间。

此外，中山市孙文纪念公园建有民族、民权、民生3座纪念亭，也有类似的纪念意义。

（图1.3-33）杭州中山公园中山纪念亭

（五）孙中山警句石刻

孙中山有不少名句，其中影响力较大的有"天下为公""博爱"等。他提倡的"天下为公"即国家为人民所共有、政治为人民所共管、利益为人民所共享，并一直为之奋斗。"天下为公"为大家所广泛认同，并被刻在很多中山公园内。

厦门中山公园南入口处有一水池，池中塑石上刻有"天下为公"四个大字，在榕树、桄榔和叶子花的映衬下，非常醒目（图1.3-34）。"天下为公"起到了中山公园点题的作用。

（图1.3-34）厦门中山公园"天下为公"塑石

（六）孙文莲

在青岛中山公园孙文莲池，荷叶铺满池塘，一支支荷花亭亭玉立、晶莹纯洁，浸透着对孙中山先生的回忆。清末年间，孙中山先生在日本从事革命活动，曾得到日本友人田中隆的鼎力相助。1918年5月，孙中山访日期间，将四颗代表纯洁友谊的莲子送给田中隆，以感谢他对中国革命的支持和帮助。田中隆先生病逝后，他的后人将这四颗莲子交给植物学家进行栽培，结果一颗发出新芽，于是将其取名"孙文莲"。1995年5月3日，日本下关市与青岛市缔结友好城市15周年，下关中日友好协会会长田中满男特意将孙文莲亲手栽植在中山公园。莲池旁设"孙文莲"黄铜雕塑（图1.3-35），由一颗莲蓬和三粒莲子组成，传递中日友好的情谊。

（图1.3-35）青岛中山公园"孙文莲"雕塑

▍ 二、时代的纪念烙印 ▍

中山公园内不仅有孙中山先生的纪念符号，还有着不同时代的纪念物，如烈士纪念碑、解放纪念碑等，让人们去缅怀为中华民族解放而奋斗牺牲的英雄和民众。

天津中山公园具有丰富的历史文化沉积，不仅孙中山先生曾先后两次到公园巡视和演讲，1910年12月，著名革命家李大钊以学生身份参加了在中山公园的立宪请愿。1915年6月，周恩来代表南开学生登台演讲，号召国民振兴国家经济，决不做亡国奴。公园内还存有魏士毅女士纪念碑、十七烈士纪念碑（图1.3-36）等，记述了革命先烈的英雄事迹。

（图1.3-36）天津中山公园十七烈士纪念碑

武汉中山公园建有受降堂，原为张公祠，建于1935年，面积355平方米。1945年9月18日，第六战区司令长官孙蔚如在此接受侵华日军第六方面军司令长官冈部直三郎率部投降，自此更名为受降堂（图1.3-37）。馆内陈列有近300幅图片及40多件实物，再现当年抗日战争历程和接受日军投降的场景。为纪念这一历史事件，还在受降堂旁立汉白玉受降纪念碑，碑高1.3米，旁边绿竹相衬（图1.3-38）。2019年10月，国民政府第六战区受降堂旧址被列为第八批全国重点文物保护单位。

漳州中山公园内有闽南护法区纪念碑、漳州解放纪念亭。1956年8月，在公园南侧建一座闽南革命烈士纪念碑，占地1122平方米，碑身4.4米，底座3.5米，总高度11.4米

（图1.3-37）武汉中山公园受降堂

（图1.3-39）。碑座与碑身呈圆筒形，碑顶部矗立有早期闽南工农红军战士的塑像，两手紧握钢枪，背着斗笠，双眼注视着前方，像是奔赴前线杀敌，周围绿树环抱，是人们瞻仰和悼念革命烈士的纪念地。

大革命时期，石龙镇曾作过东征军的大本营。从1923年5月至11月，为讨伐盘踞在惠州的军阀陈炯明，孙中山曾14次亲临石龙前线指挥战斗。1925年10月18日，时任黄埔军校政治部主任周恩来在石龙召开工农兵学商联欢大会，发表演说，号召群众支援革命。东莞石龙中山公园内周恩来演讲台，矗立着周恩来塑像（图1.3-40），记述着这段历史。公园内还有李文甫纪念亭、莫公璧纪念碑等纪念空间。

此外，广东深圳中山公园（图1.3-41）与恩平中山公园、广西北海合浦中山公园、南宁宾阳中山公园、湖北荆州中山公园等地都有革命烈士纪念碑，以纪念为国捐躯的先烈，成为中山公园内铭记历史、教育国人的纪念空间。

（图1.3-38）武汉中山公园受降纪念碑

（图1.3-39）漳州中山公园内闽南革命烈士纪念碑

（图1.3-40）石龙中山公园内周恩来塑像

中山公园通过在公园入口或核心位置建中山像、中山纪念堂、中山亭、中山碑等纪念性建筑，体现公园的主题。民国时期，运用修建中山公园的行为宣扬孙中山先生的民族精神，向人们宣传三民主义的意识形态，成为表达民族主义的空间，激励着人们为民族解放而斗争。如今，我们要注重中华文化遗产的宣传工作，将中山公园打造成爱国主义教育基地和青少年科普教育基地，实现中山公园应有的价值。要努力传承和继承好中山公园这一中华民族的历史文化优秀代表，将其在新的历史时期发扬光大，起到激励海内外中华儿女为实现中华民族伟大复兴而团结奋斗的作用。

（图1.3-41）深圳中山公园内革命烈士纪念碑

第四节
中山公园的传承发展

▍ 一、中山公园的兴衰 ▍

中山公园是中国近代历史的特定产物，各地中山公园的历史渊源各不相同，有由私家花园改建而成的，有由衙署或行宫改建而成的，另有民众自发捐资建设的，更多的是政府或军队主导建成的。无论是哪一种渊源，都因此在园中保留或建设有历史遗迹，使得中山公园不仅仅是作为近代史的见证而存在，同时兼具了更为丰富的历史内涵。

历史上全国共建有300余座中山公园，除内蒙古、西藏、黑龙江外，其他省份都有建设，除了广东、广西、福建等沿海地区的中山公园数量较多外，云南、四川、湖南、江西等省区的边远城镇也建立了中山公园。北伐战争前后是中山公园数量上升的阶段，国民政府借助中山公园建设，宣传孙中山先生提出的"三民主义"，凝聚社会民意。抗日战争爆发后，尽管国家经济更加困难，但中山公园仍在增多，并且公园内的空间布局也发生了变化，建有正气亭、浩然亭等，更多地强调鼓舞士气。中山公园为各地民众提供了宣传抗日的公共空间，广东汕头的五卅演讲、厦门中山公园的抗日宣传大会等，中山公园都在激发民众抗战的热情上扮演了重要角色，民众也通过公园中的各种实践活动、空间元素等来发表民族意志。抗日战争胜利后，原来被日本占领或建设的公园被更名为中山公园，体现对主权收回的纪念。

中山公园兴建之初，由于当时举国上下纪念孙中山先生的浪潮声势浩大，因而很多原有的公园随之更名，以表纪念，有的也提出异议。孙中山先生逝世后第3天，江苏省公团联合会等团体就提议在南京紫金山建中山公园，还有人主张将南京秀山公园改名为中山公园，江苏军官白宝山等人针对将秀山公园改名为中山公园的提议，认为秀山公园纯系苏省应召官兵捐廉，并非官产，反对改名（图1.4-1）。可见，中山公园的更名在社会上也存在一些异议。

有的中山公园在筹建过程中由于人力、物力、财力的不足，而没能建成。北京顺义在1928年筹备建设中山公园，后来因为政局变化，中道而止（《大公报》1928年12月6日报道）。河北丰润1930年拟在城西天宫寺建设中山公园，也未成功。1931年对庙宇及佛像进行了重修（图1.4-2）。现为天宫寺塔公园。

蘇軍官反對秀山公園改名

△白寶山等上段執政電

孫中山逝世後。有人主張將前京秀山公園改為中山公園者。江蘇各軍官由白寶山領銜。勘（二十八）電呈段執政。聲明秀山公園並非官產。反對改名。並予備案保存。原電如左段執政鈞鑒。竊維崇功報德。禮有常經。褒義嘉賢。國有榮典。伏查英威李故督軍。治蘇數載。政績昭然。殺身殉國。毅烈同欽。凡有血氣之倫。均有蒸嘗之念。以故在蘇僚屬。捐廉與築秀山公園。以表崇拜。而賓觀感有榮典。乃近見報載。有倡議擬將秀山公園改為中山公園者。殊深詫異。查秀山公園係蘇省應召官兵捐廉。建造並非地方之欵。豈能以個人之私意。而遠多數之心理。寶山等為保留公共信仰起見。合詞籲鈞廳。查明阻止。准予備案。永久不得改易名稱。以維正義。而順輿情。不勝屏營待命之至。白寶山陳調元朱熙馬玉仁宮邦鐸張仁奎楊春普王桂林吳鴻昌宋玉劉漢民袁循才。鄭紹虔馮獻瑞劉鳳圖王馨蘭齊聞渠畢化東劉玉嵐趙學濤顏孟驤齊熙張樹芬鄭大爲楊汝欽孫東雲徐鳳春楊世榮蘭庚年王紹曾張基周繼宗薛振邦趙春駕李希賢等叩。純勘

▲豐潤▲

△重修廟宇【豐潤通信】

本縣城東三里許之天宮寺。經去歲縣部各機關議決廢除。於最將一切偶像完全打倒。以備建設中山公園。亦未成功。現本寺僧人。請求佛教會。討論重修廟宇及偶像。佛教會允准。將寺內之樹木出售。所得之資。以備修像之需。於三月初旬即行動工修繕。廟內所修之佛像。一殿為釋迦牟尼像。一殿為關夫子聖像。東西為神農。伏羲氏等像。現已竣工云。（二十五日）

随着世道沧桑，不少中山公园湮没在历史之中，现存的中山公园约90座，分布于国内18个省、市、自治区（包括香港、澳门、台湾和北京、天津、上海3个直辖市），较盛期，数量和范围都大为减少，其原因较为复杂。以贵州云岩中山公园的消失过程最具典型性，在战事频繁的旧中国，中山公园常被军队征用，作为驻军、存物或作战指挥中心，这对于园区内原有景观势必造成很大破坏，久而久之，公园本身也悄然消亡了。不少中山公园就在战争中毁坏，或长期失修而颓废了。福建长汀中山公园是在相继用以兴建高校、中学校舍的过程中逐渐丧失了本体，南宁中山公园、阳原中山公园也在城市化过程中改作他用。浙江贺城中山公园的消失属于个例，在兴建水利工程中与整个城镇一同淹没，新的淳安城择址重建，中山公园则不复存在。还有的中山公园被更改为其他名称，浙江宁波中山公园扩建为中山广场；四川绵竹中山公园经历了战火纷飞的年代，在中华人民共和国成立后修建更名为人民公园。河南开封中山公园几经易名，现恢复成最初的名称龙亭公园；山西太原中山公园也是几经易名，现恢复成最初的名称文瀛公园；河北保定中山公园现为保定动物园。

中山公园的兴衰变化非常复杂。孙中山先生逝世后20天（1925年4月1日），广东省革命委员会经过研究，决定将观音山（越秀山）改建为中山公园。1926年1月国民党第二次全国代表大会决议兴建中山纪念碑，由吕彦直先生设计，1929年奠基并建成。碑身由花岗岩砌成，高37米，外呈方形，尖顶，刻有孙中山先生的《总理遗嘱》（图1.4-3）。越秀山下的中山纪念堂也是由吕彦直先生设计的，1929年动工，1931年竣工。1930年中山纪念堂建筑管理委员会还在粤秀楼旧址建"孙中山读书治事处"纪念碑。由于建成了中山纪念堂，中山公园未能建成。广州黄埔区蟹山路曾有个中山公园，是1932年陈策等人于蟹山上建小亭数椽，孙中山秘书林直勉撰文刻于碑阴，命名中山公园以为纪念，抗日战争后，亭台凋败，逐渐荒废，由于存在时间短暂，少有人知，1964年后更名为蟹山公园。广州石牌中山公园1931年建成后，知名度也不高，至1949年改为中山林场（现为天河公园）。2002年在广州黄埔区长洲岛上建中山公园，黄浦区人民政府在公园立孙中山先生雕像。尽管面积不大且为区级，但广州总算有了现存的中山公园。

有的中山公园命名与孙中山先生并无直接关系。1999年，河北省石家庄市在西二环以西建设中山公园，并设有中

（图1.4-3）广州越秀公园中山纪念碑

山亭等景点，融入燕赵历史文化景观。2008年河北省定州市政府建立公园，在公园命名时市政府经过广泛征求社会各界的意见，最终将公园命名为中山公园。石家庄和定州为古代中山国所辖地区，取名"中山公园"有利于弘扬历史文化。

追溯中山公园名称的变更和起浮沉落变化，一方面与中国近代战争频发、社会动荡有关，公园得不到有效维护，只能是无可奈何花落去；另一方面与社会经济发展有关，近代中国经济落后，中山公园园景简单、维护困难，荒废后人们也无心留恋，用地被挪作他用，最终消逝在历史的尘光中。还有的中山公园的纪念性被逐渐遗忘或忽视，改为他名，但赢得了后续发展。中山公园数量的减少，反映的不仅仅是公园在功能上的整体变迁，深层的原因是中山公园纪念性的弱化，因而会有园址荒废、移作他用、更改园名等现象的出现。

值得欣喜的是，中山纪念公园仍有增建的现象。广东省中山市1946年在烟墩山已建有一座中山公园，园内有中山纪念亭。1994年6月又动工兴建孙文纪念公园，在山丘之上立孙中山先生铜像，在另一山丘建民族、民权、民生三座纪念亭台等，深化了对孙中山先生的纪念性。香港在屯门建有中山公园，2008年在西营盘又建设中山纪念公园，建有"天下为公"牌坊、"四大寇"庭园、"自由""平等""博爱"三座雕塑等，对孙中山先生的纪念性浓厚。广东省东莞市在石龙镇建有中山公园，后又在长安镇上沙村建中山公园。2010年5月，长春中山公园在吉林省长春市长春经济技术开发区北区动工兴建，占地面积37.13公顷。2011年辛亥革命100周年之际，珠海市政府对留思山中山公园进行修缮开放，原中山公园于1932年10月10日由唐绍仪主持了奠基典礼，后被历史湮没，经修缮后对广大市民观众免费开放。可见，孙中山先生的纪念性并没有过时，中山公园仍有良好的发展前景。

二、中山公园存在的问题

不可否认，早期中山公园的建设存在跟风的趋势，有些比较落后的偏僻之所也建立了中山公园。由于连年战争，无力维持公园的有效发展，只能任其荒废、消失。现存的中山公园由于地方经济和社会发展不平衡，人员和管理水平上也存在差距。总体上看存在一些不可忽视的问题。

1. 定位不清

中山公园的建立初衷是纪念孙中山先生，属于纪念性公园。孙中山作为一代伟人，随着时间的流逝，逐渐淡出人们的记忆。中华人民共和国成立后，有些地方认为中山公园应该适应新时代，更换公园名称，还有些中山公园被破坏而消失，使得现存的中山公园数量仅有原来的1/3。

中山公园的命名具有复杂的时代背景。荆州市中山公园1967年曾被更名为"人民公园",1973年恢复为"中山公园"。汕头中山公园初名"中央公园",在"文化大革命"期间也被改名为"人民公园",背面"天下为公"改写为"为人民服务",后又改回中山公园。漳州中山公园、济南中山公园、石龙中山公园等经过改名后,也改回中山公园。而保定、太原、开封、绵竹、宁波等地的中山公园则很遗憾地易为他名。可见,人们对中山公园的认识及其定位与发展。

2. 发展不平衡

各地中山公园由于建设时期、所处城市的经济发展水平、政府重视程度、管理体制机制等因素的差异,建设规模和发展水平也存在很大差异。一般来说,经济水平较高的市属中山公园发展较好,如北京、武汉、厦门、银川等地的中山公园,被评为国家重点公园。县级有的甚至是乡村级的中山公园由于人力、物力和财力所限,园区景观维护、卫生清扫和文物修缮等工作都有待提升和改善,直接影响了可持续发展。

3. 管理不善

目前尚存的中山公园大多已成为开放式公园绿地,由于大部分中山公园位于城市中心,受道路拓宽、经济开发建设等各种因素的影响,有的公园面积缩小,仅剩下一小块绿地。有的中山公园由社会化力量进行管理,仅限于日常简单的清扫和养护,缺乏必要的服务设施和人员。游人攀爬纪念碑、躺在座椅上、使用大功率音箱唱歌跳舞等不文明行为比较普遍,亟须加强管理。

4. 保护不力

中山公园大多建于民国时期,原有的建筑、花木等不少遭到损毁,或因年久失修、缺少维护而变得破旧不堪。有的地方政府将精力放在经济建设上,对中山公园这类公共文化设施重视不够,未能采取有效的保护措施,致使有些历史建筑和古树名木现状堪忧。

三、中山公园的发展展望

中山公园是中国特定历史条件下的产物,有着重要的历史意义。中山公园作为一类纪念公园,在中国园林发展史上占有一定的历史地位。中山公园经历约一个世纪的岁月变化,有的发展有序,一直是当地具有较强影响力的公园,有的因为社会、经济等各种原因,建筑设施和园容园貌出现衰败。在经济、社会快速发展和文化大发展大繁荣的今天,面对新时代人民对美好生活的需求,中山公园如何直面问题、赢得发展,亟须关注和思考。

1. 明确中山公园的地位

中山公园首先是纪念性的公园，应还原其原本的纪念性特征。不少中山公园建于近代，有近（超过）百年的历史，应当作历史名园对待，提升其应有的地位。目前北京、武汉、厦门、银川的中山公园列为国家重点公园，北京中山公园是国家重点文物保护单位，得到了较好的保护与发展。但有些地方小型的中山公园只是当作普通的开放式公园绿地，文化设施缺乏，管理简单粗放，文化展示缺失，与中山公园的定位不相称，亟须进行历史文化发掘，改造提升其文化底蕴。

2. 进行有针对性的继承和保护

中山公园有众多的文物遗存，不少被列为国家级、省市级、县级等各级文物保护单位，北京中山公园是国家级文物保护单位，天津中山公园内十七烈士纪念碑、深圳中山公园内城墙、崇福中山公园内文璧巽塔等被列为市级保护文物等等。中山公园的发展重在保护和继承，保护不只是对单体建筑的保护，还应包括整体保护，确保园区不受蚕食破坏，天津中山公园面积较最初有所减少，现在已划定了保护范围。有些中山公园由于历史原因，原有的特色建筑或景观遭到破坏，需要尊重历史原貌和风格，进行适当恢复改造，以体现中山公园的历史特征。要注意以历史为依据，以档案资料及原有照片为蓝本，进行复原建设，还原其本来面貌。厦门中山公园醒狮地球的复建就是较为成功的案例（图1.4-4），江门中山公园的中山纪念堂按照原状进行了维修恢复，但牌楼有所变化（图1.4-5）。

3. 创新发展思路

随着时代的发展，中山公园除了保持历史风貌外，也可适当加入时代内容和地方文化内容，形成各自的特色。实际上，各地中山公园从建立之初就风格各异，而现代中山公园改造过程中却出现了大面积的广场、雕塑等趋同特征，需要予以反思，将园

（图1.4-4）厦门中山公园的醒狮地球旧照和现状照

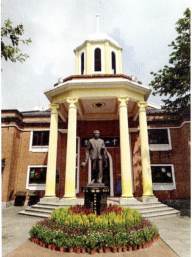

(图1.4-5)江门中山公园(《民间周报》1933年第8期)中山纪念堂、牌楼及其现状

林造景与历史文化相结合,打造园林文化品牌。

4. 提升管理水平

一些中山公园的免费开放为管理增加了难度,游人增多使得游览秩序难以保证,又因经费缺乏使得正常维护难以维系。应制定管理规定,对不文明游览行为进行治理,管控随意攀爬纪念碑、雕塑等行为,还烈士、英雄应有的尊严。对大功率音响产生的噪声进行治理,还纪念性公园应有的宁静。要增加科普牌示,讲述中山公园的历史和文化,增进人们对文化的理解。

5. 宣扬优秀文化

中山公园不同于一般的公园绿地,它是一个城市文化的载体,反映了城市建设发展的历程,留下了众多市民的美好记忆,对于传承中华优秀文化具有重要的意义与历史价值。要注重增加文化设施,如纪念馆、展览馆等,提升公园的文化品位,使其成为文化传承展示的窗口。要注重中华文化遗产的宣传,将中山公园打造成爱国主义教育基地和青少年科普教育基地,实现中山公园应有的价值。

第二章 人民公园的建设和发展

CHAPTER TWO

第一节
人民公园的意义和功能

一、人民公园的建设意义和价值

人民公园是现代中国最普遍的城市公园,据不完全统计,全国有(或曾经有)200余座命名为"人民公园"的公园。人民公园的出现发生在一定的历史时期中,反映了当时社会的意识形态与价值观,人民公园的建设反映了当时公园的造园思想、功能布局和园林设施的变化,不仅具有显著的中国特色,且蕴含着特殊的时代意义和深刻的社会意义。因此人民公园除了本身作为社会公共空间的价值外,同时也具有历史价值和文化的价值。

1. 政治意义

人民公园的建设在中国社会主义建设中具有重要的政治意义,中央领导对人民公园的建设发展非常重视。1954年,担任天津人民公园主任的张学铭先生,委托章士钊先生致函毛泽东主席,请他为公园题写园名,毛主席欣然亲笔题书"人民公园",这是全国唯一一座由毛主席亲笔题名的公园(图2.1-1),体现出中央领导对人民公园建设的重视。

(图2.1-1)天津"人民公园"刻石

南昌是"八一"起义之地,朱德同志对南昌人民公园非常关心,1960年和1962年,朱德同志先后两次到访南昌人民公园观赏兰花,赠送多个品种的十多盆兰花,并提议修建一个养兰花的场所,这便是之后建成的南昌人民公园中体现中国古典园林造园特色的园中园——兰室。1964年,朱德同志第三次到访南昌人民公园时,为公园题写了"人民公园"和"兰室",体现了中央领导对人民公园的关心和支持。朱德同志还在1963年向成都人民公园赠送了福建、浙江等地的兰花5个品种10盆,成都人民公园在1986年建立了兰园。

陈毅同志任上海市市长时,将原上海跑马场的一部分改建为人民公园,并亲自为人民公园题名(图2.1-2),表现他对城市和公园建设的高度重视,也反映了党和政府对人民公园建设的重视,同时也赋予了该场地新的历史内涵。

有的人民公园反映了人民公园人民建的思想,郑州人民公园于1952年发动全市群众义务劳动,挖沟成湖,引金水河入内,并堆土成山,栽植树木和花灌木,修建了5个具有自然风趣的茅亭,于1952年8月1日正式开放。1956年春,由郑州市团委发动全市青年义务劳动,在胡公祠后边人工湖之西,挖湖堆山(图2.1-3),湖水与旧湖相连,湖中显出新岛,将南岸与北岸堆土成山。时任郑州市副市长的石隆甫将湖命名为"青年湖",意为全市青年辛苦劳动才得以挖土成湖,两岸的土山取名为"友谊山",象征中苏友谊,均具有政治意味。

(图2.1-2) 陈毅为上海人民公园题名

(图2.1-3) 郑州人民公园人工湖

2. 核心位置

人民公园不仅具有政治意义，地理位置往往也非常重要，多处于城市的核心地带，是人们休闲娱乐活动的主要场所之一，在城市公园中具有明显的地理优势。广州人民公园位于广州古城的中轴线上，处于城市的核心区，广州"城市原点"的标志就设在公园南广场，是广州城市公园的瑰宝，也是广州园林近现代转型的标志。上海人民公园紧临上海市委市政府办公区，重庆人民公园、成都人民公园、郑州人民公园等都位于城市中心位置，具有独特的地理优势。

3. 普世价值

人民公园建立的目的是为人民服务，而且是服务大多数人，尤其是老年人和青少年群体，因而其功能往往比较综合，与百姓的需求结合紧密，反映了普世价值。济宁市人民公园有50余年的建设历史，借老城墙为山、护城河为水，与济宁城市发展变化联系在一起。公园内假山亭台、碧树幽径，景观生态优良，是市民放松身心、休闲娱乐和健身锻炼的重要场所（图2.1-4）。几乎每个济宁人的照片里，都会有人民公园的景色，济宁人民公园的山水花木已经牢牢扎根在人们的心里。

焦作人民公园内不仅有玉兰、牡丹、月季等四季景观园，有翠月湖、水上乐园和游乐设施外，还辟有动物园和海洋馆等，年游客量达700万人次，这对仅有370万人口的焦作市来说，体现出人民公园对市民生活的巨大影响力和重要性。

新乡市常住人口579万人，而新乡人民公园年游客量达400万人次，一方面与公园免费有关，另一方面与其综合性功能有关，公园内有湖、岛、假山，有石榴园、樱花园、盆景园、消夏园、竹园等，还有60米高的摩天轮、水族园、动物园等游乐场所，集园林欣赏、水上娱乐、文化健身、动植物观赏和休闲游乐于一体，是老人晨练、孩童游乐、市民休憩的首选，即使在严寒的冬季也是如此（图2.1-5）。

（图2.1-4）济宁市人民公园兔峰楼前锻炼的人群

（图2.1-5）新乡人民公园草地上休憩的人群

4. 历史的记忆

尽管大多数人民公园的历史并不长，但却是城市文化及其记忆的载体，承载了历史记忆，包括城市历史的沿革以及市民生活的记忆。成都人民公园的前身为少城公园，历史较为悠久，辛亥秋保路死事纪念碑是国家级文物保护单位，民国2年（1913年），为纪念辛亥革命前夕保路运动中的死难烈士，由张澜、颜楷牵头，民国川汉铁路总公司在园内修建辛亥秋保路死事纪念碑，纪念碑高31.86米，由碑台、碑座、碑身、碑帽组成，如长剑直指苍穹，非常庄严（图2.1-6）。1924年，杨森邀请卢作孚到成都任教育厅长，卢作孚在公园内建通俗教育馆，以普及常识为目标，书本教材仅收取纸张成本，是四川近代历史上第一个通俗教育馆。成都通俗教育馆又名银杏阁，抗日战争期间被日军炸毁，20世纪50年代在原址上参照原样重建（图2.1-7），为砖木结构两层楼房，坐南朝北，面阔5间，呈"一"字形排列，通高12.5米，占地面积约581平方米，2007年打造为"四川保路运动史事陈列馆"。中正图书馆始称四川省图书馆，是四川开

（图2.1-6）成都人民公园辛亥秋保路死事纪念碑

办最早的公共图书馆，隶属于通俗教育馆下，1936年，公园被改名为"中正公园"，图书馆也同时改名为"中正图书馆"。1949年，胡宗南部在公园内驻军，砍伐树木、拆毁门窗、烧毁存书，此后，中正图书馆结束了其作为图书馆的职能。现今，中正图书馆是公园管理处所在地。通俗教育馆、民众教育馆、陈列馆、博物馆、图书馆等建筑，在民国时期内，承担起了民众教育、开化民智的作用，集教育、展览、收藏、阅览为一园，是成都市爱国主义教育基地。公园内历史上曾有绿天、绿荫阁、鹤鸣、射德会、枕流在内的茶馆八九家之多。鹤鸣茶社自1923年创立，至今还在营业，是成都历史悠久、影响力较大的茶馆。园中茶馆是成都市井文化的集中地，鹤鸣茶社以教师为主，枕流茶馆以学生为主，射德会茶馆以体育国术为主，浓荫茶馆以棋客为主，绿荫阁茶馆以军政人员为主，永聚茶馆为介绍青年男女结识的场所，蕴含了成都市民生活休闲的城市记忆。

（图2.1-7）成都人民公园银杏阁

新疆乌鲁木齐人民公园的历史也较长，清代乾隆年间在海子边建秀野亭，后来"海子"改称"关湖""鉴湖"，1898年在鉴湖中心建鉴湖亭，1983年进行修缮，现名湖心亭（图2.1-8）。园内阅微草堂始建于1918年，是杨增新为纪念流放到乌鲁木齐的翰林院侍读学士纪晓岚而建。丹凤朝阳阁建于1921年，是仿北京故宫太和殿的式样而修

建,由迪化道尹李溶、商会会长杨绍周、苗沛然以及迪化县知事张景山等人发起修建,原为新疆省长兼督军杨增新生祠,1922～1923年间称"杨公祠",1933年盛世才主政,改称"朝阳阁"。公园内还有醉霞亭、晓春亭、火车长廊、革命烈士纪念碑等其他主要景观,承载了不同阶段的历史记忆。

(图2.1-8) 乌鲁木齐人民公园湖心亭

二、人民公园的功能

有的人民公园虽然前身为近代公园，但却在建立伊始就参照西方发达国家的公园建造方式，具备了现代公园的基本功能。成都人民公园的前身——少城公园中就设有公共体育场、弹子房、木球场等体育运动设施，1924年扩建时，著名实业家卢作孚在公园内建通俗教育馆（后改为民众教育馆）、陈列馆、博物馆、图书馆、音乐演奏室等文化教育设施。1913~1914年所建的辛亥秋保路死事纪念碑，是为了纪念辛亥革命前夕四川爱国志士发动的保路运动中的死难者，具有很强的纪念意义。少城公园内还有鹤鸣茶园、绿天茶社、晋龄饭店、聚丰餐馆等多个餐饮设施。可见其已经具备了体育、文化、休闲娱乐等功能。

重庆人民公园的前身——中央公园也有篮球场、儿童游戏场等体育设施。1926年建园时修建了图书阅览室（涨秋山馆）。1946年，为纪念辛亥革命四川先烈喻培伦、饶国梁、秦炳基，在园内最高处建辛亥革命三烈士纪念碑。1947年在辛亥革命烈士纪念碑下方建消防人员殉职纪念碑。还在金碧山堂附近修建了茶社、餐馆（葛灵别舍），在西南边修建长亭茶园（江天烟雨阁）。

广州人民公园前身——广州第一公园不仅有丰富的植物景观，还设置了喷水池、石像、大礼堂、古物陈列馆、餐厅、射击场等设施。1926年修建的音乐亭位于公园的中心，悬挂孙中山先生在1918年为亭书写的"与众乐乐"匾额。

这些近代公园已成为为市民提供放松身心、亲近自然、文化教育、体育运动等活动的多功能公共活动空间，呈现出现代综合性公园的规模，只是在公园规划和功能分区上没有充分明确。

（一）人民公园的功能规划分区

现代人民公园大多为综合公园，为市民提供游览、休闲、健身、娱乐、教育等多功能的服务，满足各类人群的需要，一般可分为安静休闲区、观赏游览区、健身娱乐区、文化教育区、娱乐游艺区等分区，这些功能分区往往相对独立，但又彼此交集、融合为统一的整体。

功能分区的做法最先在1928年莫斯科修建的高尔基公园中出现，为之后的文化休息公园提供了比较理性的功能分区设计方法。文化休息公园一般包括5个分区：文化教育机构和歌舞影剧院区（或文化教育及公共设施区）、体育活动和节目表演区（或体育运动设施区）、儿童活动区、静息区、杂物用地（或经营管理设施区）。我国20世纪50

年代初的公园建设，受到苏联文化休息公园模式的影响，出现了将公园按功能划分为不同区域的布局现象。如郑州人民公园按功能分为安静休憩区、中心观赏区、文体活动区、少年儿童游乐区、科普区、生产管理区。上海人民公园1952年规划分区为：东北为儿童活动区，西南为游乐区，北、中部为休憩游览区。

天津人民公园在已有的园内设施基础上，重新规划分区，分为了东、南、西、北、中5个功能区。北区是儿童游乐区，有欢乐飞船、脚踏车、转马等游乐设施。东区栽植大量灌木和乔木林，与整修后的藏经阁形成一个安静的私密空间。西区是水景游览区，有长廊、水榭、湖心亭、中和塔等建筑，并建有月季园，山石、湖水、植物有机结合，体现中国山水园林的自然情趣。南区为小动物观赏区，有百鸟笼。中区为湖溪围绕的中间地带，有枣树林和海棠林，并建有显密圆通殿。五个功能区由大小园路相连，构成一个有机的整体。

安阳市人民公园分为安静休闲区、娱乐游艺区、游览服务区、动物观赏区四大区域。安静休闲区位于公园的东部，以植物景观为主体，有牡丹、月季、紫薇、迎春等专类植物，称四季园。娱乐游艺区位于南部，有碰碰车、高空观览车、自控飞机等游乐项目。游览服务区以湖面为中心，还有盆景园。动物观赏区坐落在北部，有狮、虎、熊、猴、鹦鹉等动物（图2.1-9）。

（图2.1-9）安阳市人民公园导游图

还有很多其他人民公园的规划分区，仍然延续了苏联的文化休息公园功能分区模式，如西宁人民公园分为花卉观赏区、人工湖游览区、儿童游艺区和生活服务区。淄博人民公园由动物区、儿童活动区、文体活动区、安静休息区及花卉培育区组成。南昌人民公园按功能分为安静游憩区、活动区、园中园和动物园4个区域。

各人民公园具体设置分区时会有所调整，如济宁人民公园分为运动健身区、儿童活动区、广场区、综合活动区、安静休息区、水上游览区。开平人民公园分为广场区、舞台景观区、生态景观区、疏林草地区、湿地景观区、花卉展示观赏区、林荫景观区及体育健身区。东莞人民公园分为纪念区、游览区和娱乐区等。海口人民公园由广东省规划设计院规划设计，将公园分为纪念、安静休息区、文娱体育区、动物园、热带植物标本园、兰花圃、儿童乐园等区域。

安静休闲区一般位于环境比较清幽的公园边角或丛林区，林下建有小广场、亭子、石桌、石凳等，为市民放松身心提供较好的环境，人们可以在此聊天交友或进行下棋打牌等休闲活动。有些人民公园的安静休闲和观赏游览区连接在一起，面积较大，景色宜人，环境优美，植物景观层次分明，错落有致，并多设置有供游人休息的设施和场所。或与观赏游览区合并为休闲游览区，突出其观赏性、可游性以及实用性。

（二）人民公园的景观生态功能

观赏游览区是人民公园的核心区，大多景色宜人，注重植物景观搭配以及亭台楼阁、叠山理水等造景因素之间的搭配应用，四季景观变化、生态环境优美，体现出景观和生态功能是公园的根本功能。

成都人民公园始建于1911年，园内山水相融，水中有岛，沿岸栽植柳树、木芙蓉、垂丝海棠、桃花等传统植物。少城苑青砖灰瓦，门口立一对石狮，围墙上的漏窗均体现出古典园林的特色。园内有兰园、菊园、盆景园等园中园，盆景内设有荷花水池，池岸用假山堆砌，林木葱郁，翠竹摇空。公园呈现中国传统园林和西蜀园林的独特韵味。

济宁市人民公园借老城墙为山，护城河为水，山水相依。山体为运河清淤积存的土山，以太湖石垒砌加固，山上沟壑纵横，建凫峰楼、智照禅师塔等建筑。园内有较大面积的水域，形成湖面、溪流、旱溪、瀑布、深潭等不同形态，湖上建重檐六角亭，溪流曲折，两侧植被掩映，承袭中国山水园林的特征，依托山形水系将公园的各个部分连接起来，形成统一的空间布局（图2.1-10），达到景观和生态完美融合。

（图2.1-10）济宁市人民公园导览图

临沂人民公园山形水系布局巧妙，西部地势高，林木茂盛，并有假山相配，山林悠然，可俯瞰园区和沂河景观（图2.1-11）。南部有卧龙湖、锦鳞湖等水系，水面或大或小，或旷或幽，亭台桥榭相贯，竹柳水杉相依，山水植物相融合，生态和景观良好。

不少人民公园为增强景观和生态功能，在观赏游览区内建有多个植物专类园，如郑州市人民公园内山石林立、曲水环绕，建有牡丹园、竹园、樱花园、盆景园、桃花苑等植物专类园，为游人提供更多的游赏空间。竹园内曲径通幽，入口粉墙前栽竹置石，刻"净竹清雅"（图2.1-12），盆景园庭院典雅，呈现传统园林风格。

有的人民公园打造特色的植物观赏区，如淄博人民公园内有玉兰园、牡丹园，新乡人民公园有石榴园，深圳市人民公园对以月季为主题花卉进行集中种植展示（图2.1-13），并被评为世界月季名园，有很高的知名度。

（图2.1-11）临沂人民公园远望沂河

（图2.1-12）郑州人民公园竹园

（图2.1-13）深圳人民公园内月季园

（三）人民公园的纪念教育功能

人民公园作为市民出行较多的城市公共空间，其中一项重要的功能就是文化教育，不少人民公园中保存有历史人物或历史事件的纪念物，起到了教育和警示后世的作用，可以说社会教育功能是体现人民公园文化的核心和灵魂所在。人民公园内不仅保存有历史遗留的古代建筑、雕塑、碑塔、历史遗迹等，还新建有烈士纪念碑等具有较强政治教育意义的纪念空间，周边植青松翠柏，庄严肃穆，与其他公园相比，有着更为强烈的纪念性教育功能。

郑州市人民公园内有胡公祠和彭公祠，为民国时期所建，2016年列为河南省重

(图2.1-14) 郑州人民公园胡公祠

(图2.1-15) 郑州人民公园彭公祠

点文物保护单位，组成了公园的纪念园区。胡景翼跟从冯玉祥将军参加了1922年第一次直奉战争时的郑州之战，1924年担任河南督军、省长等职，1925年病逝。1932年，冯玉祥、张群、张继等为纪念胡景翼在河南及郑州的战斗业绩，力主建祠，1936年秋，胡公祠完工。胡公祠大殿建于高台上，面阔五间，为单檐歇山绿琉璃瓦顶，外侧九踩斗栱（图2.1-14）。祠前立一对石狮，道路两侧栽植银杏，衬托出胡公祠的庄重。彭象乾为靳云鹗部第八混成旅的团长，驻守郑州，1922年在第一次直奉战争中为保卫郑州安全而牺牲，战后，地方工商界为纪念彭象乾并铭记阵亡战士，于1925年建成铭功园，称彭公祠。现存五座攒尖翘角亭，绿琉璃瓦顶，中间为八角亭，其余为六角亭，呈梅花点布局（图2.1-15）。胡公祠和彭公祠承载了民国时期的一段革命历史。

嘉兴人民公园东南门口广场设有辛亥革命烈士纪念塔和辛亥革命烈士浮雕墙，是为纪念辛亥革命而献身的嘉兴籍烈士而建。1931年曾在当时的中山公园建辛亥革命七烈士纪念塔，以纪念陈与义、敖嘉熊、龚宝铨、唐纪勋、姚麟、王家驹和徐小波等七人。1986年在现址重建更名，为三级式水泥实心塔，高14.5米，外形似灯塔，塔身有"辛亥革命烈士纪念塔"塔名和塔记（图2.1-16）。

（图2.1-16）嘉兴人民公园辛亥革命纪念塔

成都人民公园内有"辛亥秋保路死事纪念碑"，建于1913年间，是为了纪念辛亥革命前夕四川爱国志士发动的保路运动中的死难者而建。碑体四面均刻有"辛亥革命保路死事纪念碑"，由当时著名的学者张夔阶、颜楷、吴之英、赵熙所书。纪念碑整体庄严简洁、气宇巍峨。园内有川军抗日阵亡将士纪念碑（图2.1-17），1937年9月，上万川军部队代表在这里举行完出川抗战誓师大会后，便奔赴抗日战场。纪念碑上塑一川军战士，脚穿草鞋，打着绑腿，手持步枪，胸前挂有手榴弹，身背大刀和斗笠，让人缅怀纪念64万川军将士牺牲在那段战火纷飞的岁月。公园内还有成都大轰炸纪念墙（图2.1-18），提醒人们要牢记日本帝国主义从1938年至1944年长达6年对成都进行轰炸和破坏的历史，以史为鉴，珍爱和平。

重庆人民公园内有为纪念辛亥革命四川先烈喻培伦、饶国梁、秦炳基，于1946年在园内北侧最高处竖立的"辛亥革命喻、饶、秦三烈士纪念碑"（图2.1-19）。1947年5月31日，经重庆市消防联合会核准，在辛亥革命烈士纪念碑下方建消防人员殉职纪念碑（图2.1-20），以纪念抗日战争期间在敌机轰炸下，为抢救市民财产而先后殉职的副大队长以及81名消防人员而立的纪念碑。

内江人民公园内有喻培伦大将军纪念碑及纪念馆（图2.1-21），纪念碑建于1981年，汉白玉制作，碑高2.2米，水磨石面须弥座，高1.1米，长1.9米，宽1米，碑文刻"辛亥广州起义死事黄花岗烈士喻培伦大将军纪念碑"。纪念馆建于1985年，为砖石结构，建筑面积332平方米，馆前石壁还刻有孙中山先生题书"浩气长存"。喻培伦是四川内江人士，黄花岗七十二烈士之一，1908年加入中国同盟会，研制炸药伤臂断指，也参与过谋刺清吏的行动，1911年参加广州起义时率先杀敌不幸被捕，英勇就义，年仅25岁。中华民国临时大总统孙中山先生追封他为"大将军"。

(图2.1-17)成都人民公园川军抗日阵亡将士纪念碑

(图2.1-18)成都人民公园内成都大轰炸纪念墙

（图2.1-19）重庆人民公园内辛亥革命喻、饶、秦三烈士纪念碑

（图2.1-20）重庆人民公园内重庆消防人员殉职纪念碑

（图2.1-21）内江市人民公园内喻培伦大将军纪念碑和纪念馆

　　绵阳市人民公园的绵阳县解放纪念塔，原名垂鸿塔、孙德操纪念碑，为纪念绵阳县解放，1952年，绵阳县人民政府将碑文上原字迹以灰浆覆盖，成为无字碑。1966年，将其改建成"绵阳县解放纪念塔"，底座为八边形，刻"绵阳县解放纪念塔"；碑体为四方形，南面刻"马克思主义、列宁主义、毛泽东思想万岁！"，东侧镌刻"伟大、光荣、正确的中国共产党万岁！"，西侧镌刻"为建设现代化社会主义强国而奋斗！"，北侧镌刻"无产阶级专政万岁！"，顶上为红色五角星（图2.1-22）。1995年4月，绵阳解放纪念塔被绵阳市委、市政府确定为首批爱国主义教育基地。

（图2.1-22）绵阳市人民公园解放纪念塔

乌鲁木齐人民公园内新疆各民族人民烈士纪念碑建于1956年，碑体高8米，汉白玉碑座，四周镶仿汉白玉花圈，碑体正面刻毛泽东主席题词"星星之火，可以燎原，共产主义是不可抗御的！死难烈士万岁！"其他三面用维吾尔文、蒙古文、哈萨克文三种文字刻着同样内容（图2.1-23）。纪念碑占地484平方米，四周绿树环绕。

（图2.1-23）乌鲁木齐人民公园内新疆各民族人民烈士纪念碑

临河人民公园有烈士纪念塔，是中共巴彦淖尔市委、中共临河区委为纪念在中国革命和建设以及抗美援朝战争中献身的河套地区英雄儿女而建，于1985年7月1日落成。塔高15米，由塔基、须弥座、塔座、塔身、塔帽五部分构成，塔基占地面积250平方米；须弥座高1.35米，有九步台阶；塔座高1.6米，宽1米；塔身为1.84米见方，高10米；塔帽高2.05米（图2.1-24）。塔的正面（东面）镌刻着"烈士们永垂不朽"七个鎏金大字；背面为蒙文译文。南面是"在反对内外敌人争取民族独立和人民自由幸福的斗争中牺牲的烈士们永垂不朽！在中国共产党领导下的新民主主义革命斗争中牺牲的烈士们永垂不朽！在社会主义革命和建设中牺牲的烈士们永垂不朽！"的汉字碑文；北面是南面汉字碑文的蒙文译文。塔座东、南、北三面刻有革命斗争的浮雕。纪念塔园区占地面积2285平方米，周围栽植各种树木，显得宁静肃穆。1997年，临河烈士纪念塔被中共巴彦淖尔盟委公布为爱国主义教育基地。

东莞人民公园在盂山上建有胜利纪念碑、东莞革命烈士纪念碑、革命烈士雕塑等建筑，纪念碑和雕塑呈轴线布置（图2.1-25），成为山顶的核心和灵魂，游客登山赏景的同时，能缅怀先烈、重温历史。

南宁人民公园于1956年建造烈士陵园，分纪念碑、长阶和广场3个部分。纪念碑立于山巅，碑高25米，以大理石砌成，碑上刻着镀金的"革命烈士永垂不朽"大字。碑正面为156级花岗岩长阶，直达山脚，长阶两侧密植翠柏苍松。山脚为广场，广场两侧建有"瞻忠""仰烈"纪念亭，整个陵园庄严肃穆。

（图2.1-24）临河人民公园烈士纪念塔

（图2.1-25）东莞人民公园革命烈士纪念碑和雕塑

海口人民公园正门入口处，屹立着高大的海南解放纪念碑，建于1954年，是为纪念长期坚持琼岛革命斗争和英勇渡海作战而牺牲的烈士们建造的。碑体为正方形，四面有石栏和四级台阶，占地面积为400平方米。碑高14.5米，碑正面有"革命烈士永垂不朽"八个大字。大字下层碑座中镶嵌着一块铜板，刻着朱德同志的亲笔题词："长期坚持琼岛革命斗争和英勇渡海作战而牺牲的同志们！你们是中华民族最优秀的儿女，你们的英勇行为对解放琼岛和全中国起了不可磨灭的作用。烈士们的功绩永垂不朽！"

有的人民公园还有各种纪念园和纪念雕塑，乌鲁木齐人民公园的阅微草堂和岚园是为纪念纪晓岚而建。1921年，杨增新主政新疆时，因敬仰纪晓岚，曾亲自寻访纪晓岚在新疆的遗迹，在园内修建了一排长廊平房，取名为"阅微草堂"，以纪念纪晓岚谪居新疆两年之事。2008年人民公园改建时，在阅微草堂的基础上，仿照北京纪晓岚故居修建了岚园，由三个功能不同的小院组成，有纪晓岚像、门亭、水榭、连廊、碑林等（图2.1-26），占地4000平方米，2009年正式落成。

2004年常州市人民政府立季札雕像于人民公园原季子祠旧址（图2.1-27）。季札，史称"季子"，吴王后裔，常州人文始祖，因曾三让吴国国位并有"挂剑""观乐""守仁""救陈"等高贵之举，被史学家列为"春秋贤人"，司马迁称其慕义无穷，见微而知清浊，为"闳览博物君子"。

上海人民公园内有张思德雕塑，是为了纪念他全心全意为人民服务的精神和事迹。雕塑坐落在树丛中，只见他身背长枪，脚穿草鞋，双眼向前凝望，体现出革命的斗志（图2.1-28）。

内蒙古自治区集宁区人民公园广场上有谢臣烈士半身塑像，塑像下碑刻为贺龙同志题词"全军同志都要学习爱民模范谢臣同志舍己为人、奋不顾身的共产主义精神"，广场周围树木环绕成相对独立的纪念空间（图2.1-29）。谢臣是在1963年抗洪抢险战斗中为抢救人民财产而英勇献身的，他生前就践行"看人民高于自己，学人民改造自己，爱人民胜过自己，为人民舍得自己"。1964年国防部授予谢臣为爱民模范，他所在的班为"谢臣班"。

四川绵阳市人民公园内有两弹元勋邓稼先的半身铜像（图2.1-30），位于公园轴线上的花坛中央，是绵阳市人民政府1994年所立，缅怀邓稼先同志为中国所作出的突出贡献。

人民公园内各种纪念性雕塑和纪念碑等，体现出公园的人民属性、为民主旨和纪念性教育功能。

（图2.1-26） 乌鲁木齐人民公园岚园内纪晓岚像

（图2.1-27） 常州人民公园季札雕像

（图2.1-28） 上海人民公园张思德雕塑

(图2.1-29)集宁区人民公园谢臣雕塑

(图2.1-30)绵阳市人民公园邓稼先雕塑

（四）人民公园的健身娱乐功能

随着现代社会人们对身心健康的关注，公园的健身娱乐功能也变得日益重要。不少人民公园在入口附近或中心广场规划建设了健身娱乐区，是市民开展太极拳、广场舞、健身操等健身活动较为集中的区域，要求场地空阔、植物对空地没有明显遮挡以方便活动的开展。各个公园内的健身娱乐区场地的规模大小和分布有所不同，以为不同健身需求的市民提供活动场地。成都人民公园内就设置了多个健身娱乐区，场地大小稍有不同，方便市民开展跳舞、唱歌、打太极拳等各类健身娱乐活动，深受市民的喜爱。南方一些城市为避免夏日炙烤，设置了一些林下广场，供健身娱乐，如广州人民公园的蒲葵林下广场（图2.1-31），由于树干细长，树冠层较高，既不影响视觉通透性，又可遮荫避暑，市民使用频率很高。

为满足少年儿童的娱乐需求，不少人民公园建有多种类型的游乐设施。郑州人民公园的东、西部就建有游乐场和游船区，游乐设施类型多样，包括摩天轮、丛林小火车、过山车等，满足儿童娱乐游玩的多种需求。焦作人民公园和新乡人民公园内除了有水上乐园和游乐设施外，还辟有动物园（图2.1-32）和海洋馆（图2.1-33），成为青少年的最爱。

有的人民公园在后续改造中，无论是规划布置还是植物搭配都充分迎合了少年儿童的心理特点和实际需求。乌镇人民公园改造时，在林下进行铺装，设计儿童喜欢的图案、色彩以及地形变化（图2.1-34），供孩童们玩耍。

（图2.1-31）广州人民公园蒲葵广场

(图2.1-32) 焦作人民公园动物园

(图2.1-33) 新乡人民公园海洋馆

(图2.1-34) 乌镇人民公园儿童游戏广场

在我国迈向老龄化社会进程中，不少人民公园内修建了老年健康体育锻炼广场，用软塑胶材料铺筑，能供老年人开展太极拳、健身操等体育活动。有的修建了老年休憩活动设施，包括老年文化廊、老年休憩亭、老年休憩花架、老年休憩树池等，有的还修建了老年文化活动中心、老年剧场、老年曲艺活动室等文化娱乐设施，体现社会对老年人的关爱和尊重。聊城人民公园还打造成以健康为主题的公园，公园内不仅有大量的锻炼空间和健康步道，还贴有健康锻炼指南和标语，倡导人们合理锻炼身体，保持身心健康。

（五）人民公园的社会功能

人民公园大多为免费开放的公园绿地，作为城市生活中重要的公共空间，是举办大型社会活动和人们户外交往活动的重要物质空间。不少人民公园在主入口建设了大面积的广场，作为城市公共空间的有机组成部分，可举办大型的社会活动。临沂人民公园建于1987年，北部为主入口（图2.1-35），采用轴线加广场的布局，轴线两侧为雕塑，端点为假山瀑布和山林。廊坊市人民公园1990年开工建设，东、西入口广场为规则式轴线布局，大面积的铺装广场为举办各种社会活动提供了空间（图2.1-36）。开平市人民公园建于20世纪90年代，2010年进行了改造，凸显现代感，强调大广场、树阵和色块种植，空间尺度感较大（图2.1-37）。

人民公园由于游人众多，也成为很多自发社会团体活动的举办地，有的还形成一定规模和影响力。如上海人民公园，紧挨上海市政府和人民广场，早在1980年园内就

（图2.1-35）临沂人民公园北门

(图2.1-36) 廊坊市人民公园广场

(图2.1-37) 开平人民公园广场

设立了英语角，堪称全国第一个公园文化角，众多年轻人在公园中用英语交流学习，体现上海在对外改革开放中的先锋作用。上海人民公园2005年开始出现了相亲角，是随着城市大龄未婚青年日益增多而出现的。相亲角以人民公园5号门为轴心向周边辐射至荷花池，园内人气旺盛，联络相亲的家长络绎不绝（图2.1-38）。相亲活动是自发形成的社会现象，其他公园也有发生。成都人民公园相亲角位于中心广场西面绿地的步行道两侧，虽称为"相亲角"，但其实是由路径组合而成的一个区域。每天都会有大量的单身青年父母聚集于此，将打印在A4纸上的子女信息，悬挂或平铺在步行道两侧，家长守在旁边，与有意向的其他家长聊天交流，相亲者和路人来来往往，热闹非凡。

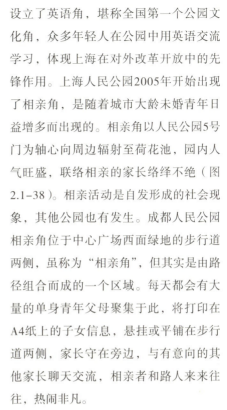

人民公园内也会举办各种花卉展览活动，如广东中山小榄镇的人民公园就举办过小榄菊花会。小榄镇有"菊城"的美誉，小榄人爱菊赏菊的传统一直延续至今，菊花文化贯穿小榄镇的历史。自1959年起举办首届小榄菊花会，至今已有60年的历史。2006年，小榄菊花会被列为第一批国家级非物质文化遗产名录。

有的人民公园也作为防灾避险场所，公园内设立了应急设施，本着"平灾结合"的原则，将公园的功能分区、基础性设施以及公园管理等做到"平灾转换"，如入口区可转换为疏散区，厕所、照明、广播、水体可以转换为应急厕所、应急供电、应急广播、应急供水等（图2.1-39），植物景观带可以转换为防护带。

不少人民公园还结合社会建设，融入了相应主题，东莞和绵阳市人民公园体现了法治的主题，公园内可见法治的标语、宣传画和小品（图2.1-40），警醒人们遵纪守法，体现人民公园的社会功能。

（图2.1-38）上海人民公园相亲角

（图2.1-39）乌海市人民公园应急牌示

（图2.1-40）绵阳市人民公园的法治宣传小品

第二节
人民公园的建设

人民公园是以"人民公园"命名的所有公园的总称。众多的人民公园基本是在中华人民共和国成立后，为体现人民当家做主而更名或建立的公园。

"人民"一词是社会主义的标志之一，它不再单纯地代表人类、百姓，而是可以参与政务的新主体。兴建"人民公园"，是中华人民共和国成立后，开展社会主义改造的举措之一，因而，人民公园在全国范围内如雨后春笋般大量建设。李敏在《中国现代公园——发展与评价》一书中提到："据1982年底的资料统计，全国城市有1/10的公园是用'人民公园'命名的"。全国各直辖市及省会城市建有（或曾经建有）"人民公园"的有天津、上海、重庆、广州、南宁、海口、南昌、成都、郑州、济南、太原、西宁、乌鲁木齐、呼和浩特等十余座城市。

人民公园的来源主要有两大类：第一类是在原有园林、公园的基础上加以改建更名而成；第二类是辟地选址新建而成。也有些人民公园随着历史的变迁易为他名，或者消失。这些起起伏伏的历史反映着人民公园名称的复杂历史背景。

▍一、更名而建的人民公园 ▍

中国有着悠久的园林建造历史，在封建社会，园林以皇家园林和私家园林为主，为少数达官显贵所拥有，普通百姓往往享受不了。随着民主革命的胜利和社会的进步，公园首先在欧洲出现，后来在近代半封建半殖民主义的中国也陆续出现。中华人民共和国成立后，原来的皇家、私家园林被政府收归国有，并面向公众开放，成为服务于广大人民群众的公共活动空间，其中天津、广州、重庆、成都等城市改建而成的人民公园，成为众多公园中极具代表性的公共空间。这些旧有公园在所在城市都占有重要的地位和深刻的历史意义，大都是该城市历史上的第一个公园，选择这些具有深厚文化底蕴和社会价值的公园更名为"人民公园"，除了体现公园为人民所有外，更是为了彰显人民群众才是社会的主体、国家的主人、公园的使用者，是新时期意识形态与时代精神相结合的表现。

1. 天津人民公园

天津人民公园位于天津市河西区中心地带，其前身是盐商李春城的私家花园"荣园"，始建于1863年。中华人民共和国成立后，李氏后裔李歧美将荣园献给国家，经过重新改造，1951年7月1日正式开放，更名为人民公园。1954年9月19日，毛泽东主席亲笔题写了园名。

公园面积14.2公顷，其前身荣园仿杭州西湖园林而建，分为东、南、西、北、中5个区，西北土山上建有中和塔，始建于清代，为六边形11层砖塔，底座高大，周围绿柳环绕，花木扶疏，是全园的视觉中心（图2.2-1）。湖中心建湖心亭（图2.2-2）、曲虹桥，环绕湖溪建有中和桥、枫亭、养静室，四周以壕堑为界，以水景为特色。东南隅有藏经阁，最初为清代李春城所建荣园的藏经之处，底座为四方砖台，前面为一对石狮，台上为二层传统木结构建筑，上悬"藏经阁"匾额，重檐飞翘，脊上饰以走兽（图2.2-3）。公园中部有枣树林和海棠林，并建有显密圆通殿，北部为儿童游乐区。园内树木繁茂（图2.2-4），曲水回环，建有游乐、休憩设施和场所，成为一处老幼皆宜的综合性公园。

2. 广州人民公园

广州人民公园位于广州市越秀区越秀山至海珠广场的广州传统中轴线上，园址从隋朝起至清末均为官署，清乾隆初年，在巡抚衙门后面建起5座楼台，四面疏浚小溪引水，命名"菜根香轩"。嘉庆二十五年（1820年），复辟勤志馆于古榕下，建屋4座。道光初年，两广总督进

（图2.2-1）天津人民公园中和塔

（图2.2-2）天津人民公园湖心亭

(图2.2-3) 天津人民公园藏经阁

(图2.2-4) 天津人民公园内国槐

行修缮，题为"万竹园"。光绪十一年（1885年），两广总督张之洞又在此大兴土木，"园中有渔樵耕读四景"。民国期间是广东咨议局所在地，1917年孙中山倡议将其改建为公园，1918年始建，定名为"市立第一公园"。1921年10月12日举行了隆重的开园典礼，孙科在开园仪式上发表了演说。1926年改称中央公园，1966年更名为人民公园。1999年，拆除公园围墙，成为开放式公园。

人民公园面积为4.46公顷，最初由留美工程师杨锡宗设计，采取欧洲古典园林的图案式庭园布局，呈方形对称形式，十字交叉道路系统呈中轴对称布置，运用轴线和发散型的花坛组织交通，形成网格状林荫路。公园内树木参天、绿篱花丛，利用整齐的林荫道围合低矮草坪，四角点缀放射状花坛，形式严谨，公园整体呈西式图案化简约风格。南广场设有广州"城市原点"标志，南北主轴线上安排大门、喷泉、音乐亭广场（图2.2-5），东西轴线上安排简单的竹亭，保留了最初设计时的风格。音乐亭为1926年修建，由建筑师林克明设计，八根石柱立在厚重的柱础上，周围栏杆镂空，顶为八角形边，上面隆起成盔形、尖顶，造型别致轻巧（图2.2-6），亭前有一对石鼓，掩映在高大的树丛中，适合休闲小憩，市民常在此举办自发性的音乐活动。

1987年在林下小型广场上设鲁迅、烽火年代、猛士、黄河英雄——冼星海、椰林少女、新娘等现代雕塑（图2.2-7），根据题材需要分别采用青铜、花岗石、汉白玉、红粉石等材料制成，使作品更具生命力和艺术感染力。公园内以植物景观为主，南北主轴线道路两侧榕树参天，四季郁郁葱葱，枝叶茂盛，树下形成林荫空间（图2.2-8）。东西两侧为图案式种植区，以草坪和红背桂、鹅掌柴、朱蕉、一叶兰等地被植物为主体，中层点缀软叶刺葵，空间疏朗通透。硬质广场上规则式种植蒲葵，长势高大挺直，为健身娱乐提供了林下空间。公园体现出历史的积淀和中西风格的融合。

（图2.2-5）广州人民公园大门及喷泉

(图2.2-6) 广州人民公园音乐亭及石鼓

(图2.2-7) 广州人民公园林下雕塑

(图2.2-8) 广州人民公园小叶榕

3. 东莞市人民公园

公园位于广东省东莞市罗沙路，始建于1912年，开辟初期只有盂山、砵山，因有石如盂故称盂山公园，园内有风满楼、禅心亭、山荫馆、风篁馆、红棉山庄等园林建筑。1925年改名为中山公园，建成博物图书馆、中山纪念堂等建筑。1938年日寇入侵，园内树木被砍伐尽绝，建筑物大部分被破坏。中华人民共和国成立后进行重建，1956年改名为人民公园。

人民公园现面积为23公顷，其中山岭7.5公顷，湖泊4.5公顷，平地11公顷，有砵山、盂山、元宝山和晓湖、莲塘等景点，山水彼此相连又相对独立，使得整个公园的空间布局灵活多样。公园初建时设八景：红棉山庄春晓、小山阴访旧、风篁馆煮茗、禅心院翻经、半山亭坐啸、平绿草堂晚步、风满楼凭眺、诗砖阁联吟。现仅半山亭保存较好，后重修、重建红棉山庄春晓、小山阴访旧、风篁馆煮茗、禅心院翻经等四景。

公园分为纪念区、游览区和娱乐区三部分。纪念区位于南部，是整个公园的核心和灵魂，有胜利纪念碑、东莞革命烈士纪念碑、革命烈士雕塑等建筑。游览区位于东北部，有晓湖、风篁馆、莲塘、竹林等景观，晓湖中有3个小岛，湖心岛上建晴光阁，湖岸边修建的4个亭台水榭疏落有致，桥梁和步道将山水和各个功能区有机地连接起来（图2.2-9）。风篁馆（图2.2-10）由六组建筑物构成，池水、水榭、孖亭、船厅、茶厅与绿树红花相融合，亭馆结合、亭院结合、亭厅结合、亭台结合，大量运用了龟背竹、春羽、鹤望兰等热带植物（图2.2-11）。娱乐区有儿童游乐场及供儿童娱乐的游乐设施。东莞人民公园是集生态游览、健身娱乐、爱国主义教育于一体的综合性城市公园。

4. 海口人民公园

公园位于海南省海口市美兰区，前身为20世纪30年代建设的中山公园，抗日战争时期遭到破坏。1952年进行修复后，更名为海口公园。1954年海口市人民政府在园内建成海南革命烈士纪念碑，纪念长期坚持琼岛革命斗争和英勇渡海作战而牺牲的烈士，碑文正面为毛泽东主席题字，背面是朱德同志题词。1957年征用农田开挖东、西湖，形成了如今的水域面积，并定名为海口人民公园。

5. 重庆人民公园

公园位于重庆市渝中区公园路，前身为重庆中央公园，1921年川军第二军军长杨森最先提出创建公园，他发现后伺坡一带垃圾堆积，环境极差，决定修建公园来改善市区环境。因后来川军混战，杨森撤走，公园只修了30余米长的堡坎，工程便被迫停止。1926年川军33师师长潘文华驻守重庆，续议了公园的兴修事宜，用市政建设经费

（图2.2-10）东莞人民公园凤篁馆

（图2.2-9）东莞人民公园晓湖

（图2.2-11）东莞人民公园内庭院植物配置

(图2.2-12) 重庆人民公园中山亭

于当年10月动工,并将巴县衙门后一空地划入,共计面积1.34公顷,定名为中央公园,至1929年8月始完全落成。抗日战争时期,中央公园改称为中山公园。1950年7月改名为人民公园。

公园原是连接上、下半城的主要通道,高差超过百米,亭台碑廊等根据地势而建,高处有重庆消防人员殉难纪念碑,为1947年所建,碑体简洁庄重,还有九三学社成立旧址纪念碑等纪念物。入口处建广场,并建中山亭(图2.2-12)、丹凤亭等供人休憩,前者为四角亭,后者为六角亭,均飞檐翘角、体态轻盈。园内绿树成荫,黄葛榕、小叶榕、山茶、竹类等植物与园林建筑、山势相融合(图2.2-13),为典型的山地园林。

6. 成都人民公园

公园位于四川省成都市祠堂街,最初名为少城公园,清宣统三年(1911年),朝廷筹备立宪,废除了旗米供给制度,使旗民生活逐渐陷入窘境,当时驻防成都的将军玉昆为了解决旗人的生计问题,与四川省劝业道道台周善培商议,决定在城中心的祠堂街修建一座公园,将少城开放,只允许旗民在园内营业以维持生计,并出售门票,供人游玩。公园因为地处少城之中,市民便称其为少城公园,是成都历史上的第一个公园。1913~1914年,为了纪念保路运动中的死难烈士,在园内修建辛亥秋保路死事纪念碑。1946年改名为中正公园。1950年更名为人民公园。

公园面积11公顷,有辛亥秋保路死事纪念碑、川军抗日阵亡将士纪念碑等历史建筑,建有东山、人工湖、兰园、盆景园、菊园、海棠春坞等景点,园内山水相融,水

(图2.2-13)重庆人民公园植物景观

中有岛,沿岸栽植柳树、木芙蓉等花木,还有银杏、黑壳楠、朴树等名木古树,并有鹤鸣茶社、浓荫茶园、少城苑(图2.2-14)及儿童乐园等休闲娱乐场所,成为集园林、文化、文物保护、爱国主义教育、休闲娱乐于一体的综合性公园。

(图2.2-14)成都人民公园少城苑

7. 绵阳市人民公园

公园位于四川省绵阳市涪城区临园路,始建于民国19年(1930年),原名绵阳公园,是由当时的四川驻军国民革命军第29军副军长兼川西北屯殖司令孙德操屯部及所属14县绅民合建,早期建有昭烈图书馆、菌亭、木桥、月形藕池、方池、荷花池、纪念塔、碑塔等景观。

公园现占地面积15.2公顷,东部呈规则式布局,邓稼先纪念广场和绵阳解放纪念碑位于轴线上。中部为假山和秀湖(图2.2-15),形成山环水抱的景观,水上建菱香榭(图2.2-16),可临水赏景。东南面是儿童游乐园,中央的喜树林是1930年建园时种植,长势良好。西北面有桂花园、紫薇园、盆景园等,以植物造景为主,辅以精致典雅的建筑小品。该园是城市中心融自然、历史、人文景观于一身,集文化教育、旅游观光、健身娱乐休闲于一体的综合性公园。

8. 贡井人民公园

公园位于四川省自贡市贡井区筱溪街,前身为自贡盐商张伯卿的私家花园"张家花园",始建于1923年,历时3年建成张伯卿公馆及花园。中华人民共和国成立后收归人民政府管理,1955年张家花园定名为贡井人民公园,对外开放。2010年确定为免费开放式综合性公园。

公园占地面积10公顷,其中水面0.75公顷,水上建茶坊。公园主体建筑罗马楼位

(图2.2-15)绵阳市人民公园秀湖

于水边,为中西合璧之经典杰作,仿罗马建筑设计建造,二层,建筑装饰精致,周围绿树掩映(图2.2-17)。儿童设施位于公园北部。公园以植物景观为主,树木种类丰富,尤以桂花、白兰花、茶花为最多,树龄上百年的黄桷树就有几十株,花径蜿蜒,营造出自然优美的环境。

9. 乌鲁木齐人民公园

公园位于乌鲁木齐市沙依巴克区友好南路。这里原是自然林地,北端有一个小湖,俗称"海子",又名"关湖"。1884年,刘锦棠担任新疆巡抚后,对关湖进行整理,因湖水清澈如镜,改名为"鉴湖"。1898年,户部左侍郎张荫桓谪戍乌鲁木齐,次年捐资修建了湖心亭。1912年杨增新任新疆都督,鉴湖正式成为公共游览场所,称鉴湖公园或西湖公园(西公园)。1918~1922年,杨增新从京津请来能工巧匠,再次扩建鉴湖,兴建丹凤朝阳阁、醉霞亭、晓春亭和阅微草堂等,命名为同乐公园,意为与民同乐。1933年改称迪化第一公园。1944年改名为中山公园。中华人民共和国成立后,于20世纪50年代初改名为人民公园。1956年建新疆各族人民烈士纪念碑,四周栽植常青的云杉,格外庄严肃穆。

公园面积30公顷,北部有鉴湖、湖心岛,以及湖心亭、丹凤朝阳阁、阅微草堂、岚园等古典建筑。湖心亭建于鉴湖岛上,为二层古典建筑,绿色琉璃瓦,双檐歇山顶,围廊,雕梁画栋。丹凤朝阳阁建筑面积728.5平方米,飞檐斗栱琉璃瓦,歇山式屋顶,镂空木雕雀替,出檐深度大,斗栱层数多,绘和玺等彩画,金碧辉煌,规模宏大

(图2.2-16)绵阳人民公园菱香榭

（图2.2-17）贡井人民公园茶坊和罗马楼

（图2.2-18），占地面积1522.83平方米，前置一对石狮，风范赫然。北门体现出中国古典皇家园林的风格（图2.2-19）。中部为大面积绿地，有莫愁湖、六角亭、火车长廊等。莫愁湖边重檐连廊与湖畔水榭相映，火车长廊为大型游廊，曲折有致，琉璃瓦顶，油漆彩画，在周围绿树映衬下非常醒目（图2.2-20）。南部有纪念碑、游乐场、健身广场等纪念和游乐设施。园内古木参天（图2.2-21），融古典与现代于一体，是乌鲁木齐市历史最悠久的集文化、娱乐、休闲为一体的综合性公园。

（图2.2-18）乌鲁木齐人民公园丹凤朝阳阁

（图2.2-19）乌鲁木齐人民公园北门

（图2.2-20）乌鲁木齐人民公园火车长廊

（图2.2-21）乌鲁木齐人民公园内古榆树

10. 常州人民公园

公园位于江苏省常州市公园路，前身为武进县商会会馆花园，清光绪三十三年（1907年）武进县商会会长在季子庙废址建商会会所，翌年，辟后花园。民国2年（1913年）对公众开放，同年11月筹建公园，1914年公园初步建成开放，为常州市第一个公园，时称公花园。20世纪30年代初，公园逐步衰败。1950年后，多次组织修缮、扩建，公园面积增至2.3公顷，并定名为人民公园。2002年，再次进行较大规模的扩建改造，公园面积达到3公顷。

公园内有季子亭、落星亭、浩然亭、崇法寺等市级文物保护单位。季子亭是为纪念春秋时期贤人季札而建，隐于东南隅树丛之中。常州被称为"季子故里"，尊之为"人文之始祖"。常州历史上，历代多建祠以祀，屡毁屡建，明洪武七年（1374年）曾建祠与双桂坊。1992年在之前遗址上建商会大楼时，立四角石亭于人民公园，亭内有季子浮雕像及有关碑文（图2.2-22）。浩然亭位于公园西南角假山之上，与落星亭斜角相对。明正德十五年（1520年），御史叶忠为纪念宋末抗元的死难将士，兴建此亭，取文天祥《正气歌》中的"浩然"二字命名。原在忠义祠之后，清乾隆年间迁建于此。1984年重建，亭高6.6米，直径3.45米，单檐六角攒尖顶，铺筒瓦（图2.2-23）。落星亭与长廊结合，形成不同的休憩和景观空间。

广场上有标志性景观广玉兰雕塑喷泉（图2.2-24），能随音乐起伏律动。公园建有延陵春韵、枕流飞瀑、绿野芳洲、曲溪流波、莺啼琴音、晋陵遗韵等景点，绿树葱茏，成为市民休闲、游乐的良好场所。

（图2.2-22）常州人民公园季子亭

(图2.2-23) 常州人民公园浩然亭

(图2.2-24) 常州人民公园喷泉

11. 靖江市人民公园

公园位于江苏省靖江市人民北路，始建于民国6年（1917年），当时由通海联军镇守靖江，利用崇圣寺隙地营建花园，雇请园工栽花种草、叠山造亭，初具园林风貌，名为"公花园"。中华人民共和国成立后改名为人民公园，后进行了多次改造。

公园占地面积5公顷，大面积的水体呈环形布置，河岸由石块砌成。建筑有临清桥（古石拱桥）、三曲桥、观园桥、二曲桥、舒啸亭、眺梅亭、荷花厅、桂花厅（图2.2-25）、梅花厅、万寿坊、钟楼、四眼井等。钟楼始建于明隆庆三年（1569年），改建于明崇祯十年（1637年），清同治十年（1871年）再修，呈四方形，四周回廊环抱，二层，脊顶高耸，形似游龙，角背高悬，状如飞凤，钟楼内石碑刻有《崇圣寺钟楼记》（图2.2-26）。四眼井也建造于明崇祯十年，其实只是一口井，深7米，直径3米，上方用青砖拱成4个井眼，可同时打水（图2.2-27）。井上建四角亭，四角高挑，雕凤鸟、蝙蝠、麒麟等吉祥之物。二者均为江苏省文物保护单位。特色植物景观有桂花林、竹林、水杉林等，还有银杏、柏、榆、三角枫等古树。现代娱乐园地内设舞场与旱冰场交替用的舞池以及儿童游乐场等，晨练场所主要在紫薇广场与樱花广场等处。

（图2.2-25）靖江人民公园桂花厅

（图2.2-26）靖江人民公园钟楼

12. 嘉兴人民公园

公园位于浙江省嘉兴市城东路，是1959年在原铁路苗圃基础上建成的休闲性公园，2005年和2008年分别进行了两次改造。公园占地4.93公顷，东南门口广场设有辛亥革命烈士纪念塔和辛亥革命烈士浮雕墙，西门广场上设有照壁，上刻陈从周先生题写的"人民公园"（图2.2-28）。公园以中部的山水景观为中心，设置六角香檐亭、休憩平台、吟香榭和曲桥等，水景周边有远香亭、嘉亭、凤栖堂和东园（图2.2-29），粉墙黛瓦，江南韵味浓厚。西北侧为游乐区，内设碰碰车、游船、赛场跑车等儿童游乐设施。园

（图2.2-27）靖江人民公园四眼井

(图2.2-28) 嘉兴人民公园照壁

(图2.2-29) 嘉兴人民公园东园

内还有大草坪、中日友谊树、荷花池、桂花林等景点，遍植百余种花木，应用棕榈、香樟、紫叶李、南天竹、八角金盘、吉祥草等植物形成种类丰富、多层次的复合植物景观（图2.2-30）。

13. 三门峡市人民公园

公园位于河南省三门峡市崤山路，前身为三门峡市湖滨公园，始建于1957年，建

（图2.2-30）嘉兴人民公园植物景观

成之初承担城市绿化、育苗、果园和公园建设任务。1973年改名为人民公园，1975年5月1日对外开放。

公园总面积18.8公顷，分为水上娱乐区、动物观赏区、儿童游乐区等区域，北部进门处有游乐场、儿童乐园，中部偏东设动物园，中部还有游艺馆。翠溪园利用自然地势，形成水系蜿蜒、花木葱茏的自然景观。青龙湖旁建广场和牡丹园，并堆置土山，山上树木青翠，湖边杨柳依依。园内建有仿古建筑赏月亭、金线亭、望洲亭、石拱桥、文化景观墙（图2.2-31）和象征大禹治水的胜天楼等，花木以雪松、女贞、竹子、月季、紫薇等植物为胜，形成集观赏、游乐、休闲和科普教育等多种功能为一体的市级综合性公园。

（图2.2-31）三门峡市人民公园文化景观墙

二、新建的人民公园

中华人民共和国成立后,人民公园开始出现建设的高潮。山东省潍坊市人民公园、河南省郑州人民公园、广西南宁人民公园均始建于1951年,是建设时间较早的一批人民公园。1953年,通辽市和喀什市均修建了市内第一座公园——人民公园。景德镇市人民公园于1954年建成,也是该市的第一个公园。浙江省桐乡市乌镇人民公园建于1956年,占地2公顷,三年即初具规模。山东省淄博市博山人民公园、河南省焦作市人民公园和南阳市人民公园、江西省鹰潭市人民公园均始建于1957年。河南省新乡市人民公园、南阳市人民公园及青海省西宁人民公园均始建于1958年。四川省内江人民公园于1959年始建,1963年正式开放。山东省枣庄人民公园、河南省安阳市人民公园、内蒙古乌海市乌达区人民公园均始建于1964年。广东省开平市人民公园始建于20世纪90年代。可见,人民公园的建设一直在持续,现对部分新建的人民公园介绍如下。

1. 上海人民公园

上海人民公园位于上海市南京西路,园址原为上海跑马场的北半部,修建于清同治元年(1862年)的第三跑马场,后经公共租界工部局与上海娱乐场基金会协商,租用跑马场中央的土地修建一个供外国人娱乐的体育性质的公园,当时称其为上海公共娱乐场,同年12月正式开放。1950年,上海解放后,为了满足群众活动的需要,时任上海市市长的陈毅代表市政府宣布将跑马场的南部改建为人民广场,北部改建为人民公园,由我国著名园林专家程世抚先生主持设计,于1952年10月1日建成开放。

公园现占地面积9.82公顷,分为东、中、西三个景区。东部的主要景点有五卅纪念碑、张思德塑像。中区有南极石、茶室、露天剧场等建筑,在草坪北侧有画廊,丛林中设石桌、石凳,供游人小憩、对弈或野餐之用。西区有亭、廊、榭、假山、碧翠湖、荷花池(图2.2-32)以及紫藤廊架,植物品种繁多,四季花木葱茏,是公园主要的游览区,自然生态良好。园中还应用悬铃木、紫叶李、垂丝海棠、珊瑚树、小叶女贞、红花檵木、麦冬等多种植物,组成林缘花境般的植物景观(图2.2-33)。

2. 郑州人民公园

郑州人民公园位于河南省郑州市二七路西侧,1951年确定以胡公祠、彭公祠为基础建立公园,1952年8月1日正式开放。公园面积28.36公顷,其中水面3.96公顷,绿地面积19.64公顷,是中华人民共和国成立后郑州市兴建的第一座城市公园。彭公祠为1925年10月落成,又称五座凉亭,是为彭象乾团长及其阵亡将士铭功之园,现为市级保护文物。胡公祠位于人民公园南大门(图2.2-34),是1936年为纪念河南督军胡景翼将军而建。胡公祠后为人工湖,西为青年湖,湖中心有两岛。人工湖东岸有划船亭和划船码头,游人荡舟西行,穿过两桥,可达樱花园。园内有盆景园、牡丹园、竹园、

（图2.2-32）上海人民公园荷花池

（图2.2-33）上海人民公园复层植物配置

（图2.2-34）郑州人民公园南门

樱花园、桃花苑五大专类园区，入口处有大型青石假山，山上树木茂密。华妍亭周围栽植银杏、白皮松、桧柏、海桐、石楠、南天竹、大叶黄杨等植物，经过整形修剪，形成四季皆美的景观效果（图2.2-35）。园内还有摩天轮、过山车等各种游乐设施，是郑州市中心城区规模最大的综合性公园，被评为国家重点公园。

（图2.2-35）郑州人民公园内松柏与南天竹、海桐等植物配置景观

3. 潍坊人民公园

公园位于山东省潍坊市青年路中段，白浪河西岸，始建于1951年，最初为以观赏动植物为主的封闭式公园，现为开放式综合性公园。公园占地面积13公顷，分为水上娱乐区、儿童娱乐区、动物展区、安静休息区等。主要景点有天趣园、明心岛、自在洲、慕容台、枫林、流沙、叠翠、云城、听香屋等，是一处集游乐、观赏、休憩、健身于一体的综合性公园。

公园依白浪河而建，河上架桥，河边有芦苇等水生植物，并有沙滩供孩童游玩。园中水景丰富，有大型卵石点缀，周围树木环抱。园中有欧式园林谊园和中国传统园林归真园，归真园粉墙灰瓦、亭桥水榭、盆景玩石、典雅幽深（图2.2-36）。谊园的建筑仿古希腊式，大理石圆柱，三角形山花墙，前出廊。雕塑为西方人像雕塑，对称分立两侧，下沉广场内种植模纹绿篱，周围大型雪松和悬铃木围合出郁闭的园林空间，园中还有小型喷泉，西方园林风格鲜明（图2.2-37）。公园植物种类丰富，生态和景观良好，2006年和2007年两度荣获中国人居环境范例奖。

（图2.2-36）潍坊人民公园归真园

（图2.2-37）潍坊人民公园谊园

4. 南宁市人民公园

公园位于广西南宁市兴宁区新民路，始建于1951年，是中华人民共和国成立后南宁市兴建的第一座综合性文化娱乐公园，2008年5月1日正式免费对社会开放。公园面积45.9公顷，其中陆地39.4公顷，水域6.5公顷。人民公园又称白龙公园，因园内白龙湖而得名，湖中心有一小岛，岛西面有九曲桥，岛北面有三孔月桥，游人可在湖面泛舟。

公园北部有革命烈士纪念碑和毛主席接见广西各族人民纪念馆，中西部山上有望仙怀古和镇宁炮台等文化古迹，中部有阴生植物园，南部为海底世界、儿童乐园等游乐区，是集教育、文化和休闲娱乐为一体的综合性公园（图2.2-38）。

（图2.2-38）南宁人民公园门区

5. 包头市人民公园

公园位于内蒙古包头市东河区环城路，始建于1953年，是包头市建园最早、树木最密集的公园之一。2004年实行开放式管理，是包头市最早的开放式公园。2013年进行再次景观改造，新建浮雕景墙、文化石景墙，新增园内基础配套设施，新建3个大型广场，增加锻炼活动场地，是晨练人员最密集的公园之一，日游客量达上万余人次。

公园占地面积11.29公顷，有假山、凉亭、健身广场、游乐场等场所，形成中心景观区、绿化观赏区（图2.2-39）、儿童活动区、林下活动区、文化活动区等，成为东河区集绿地、树木、花草、休闲于一体的综合性公园，成为市中心的"天然氧吧"。

（图2.2-39）包头市人民公园植物景观

(图2.2-40) 通辽市人民公园音乐雕塑

6. 通辽市人民公园

公园位于内蒙古通辽市科尔沁大街南侧,是1953年在一个苗圃的基础上改建而成,成为通辽的第一个公园。公园用地近似正方形,面积7.8公顷,园内湖、桥、廊、亭、碑、石、花、草、树融为一体,为市民提供了纪念、观光、休闲娱乐、健身和科普教育的重要场所。公园以人民英雄纪念碑为中心,占地面积483平方米,碑身坐南面北,碑前有宽阔的广场,两侧有10座通辽著名革命烈士塑像和两座石亭左右衬托。纪念碑高14.8米,正面原来刻有乌兰夫同志题写的"人民英雄永垂不朽"的草书,1968年改为毛泽东主席手题"人民英雄永垂不朽"八个金色大字,后面是对应的蒙古文。园内还有知春亭、鸟语亭、爱晚亭、春梅亭、芍药园、孔飞将军塑像、音乐雕塑(图2.2-40)等,亭阁掩映,绿树成荫,鲜花锦簇。此外,园内还设有儿童游乐区、轮滑场和健身区等区域,供人们游乐。

7. 安阳市人民公园

公园位于河南省安阳市东风路,始建于1955年,占地面积18公顷,其中水域面积2公顷。公园整体布局以怡心湖为中心,中间建有湖心亭,周围有曲桥、鹿桥、玉带桥、云枫桥与之相连(图2.2-41),湖岸垂柳依依,长廊迂回。利用挖湖土方堆山,山上建亭,路侧置石,并配置各种花木。园中有疏林草地、密林地被等植物景观,四季园种植牡丹、芍药、迎春、紫薇、月季、菊花、蜡梅等,还有诗情画意的盆景园,四时有景。为体现古城文化,在西门三座拱形横梁上,装饰了商周时期的饕餮纹、龙形玉佩纹、凤纹等图案(图2.2-42),将现代与历史相融合。公园内还有动物园和游乐区,是一所集园林游览、休闲娱乐、科学普及等功能于一身的综合性公园。

（图2.2-41）安阳市人民公园怡心湖

（图2.2-42）安阳市人民公园西门

8. 乌镇人民公园

公园位于浙江省桐乡市乌镇席行路，建于1956年，占地2公顷，三年即初具规模。1987年公园进行扩建，面积达5.3公顷。公园中心为水面，面积0.7公顷，沿湖建严独鹤纪念亭（图2.2-43）、三角亭、四角亭、圆亭等不同样式的赏景亭台。水中有岛，建有茅盾诞辰一百周年纪念碑，并有拱桥连接，水边种植旱伞草、池杉等耐水湿植物。园内遗存有太湖石堆砌的大型假山，洞壑森然，此外还有盆景园以及自然栽植的植物，均体现出中国传统园林风格。北部为新建区域，呈开阔的现代景观。园内香樟树、无患子、枫香等很多树种已长成参天大树，林下有休憩健身和儿童游戏场所，是市民休闲健身的良好场所。

（图2.2-43）乌镇人民公园严独鹤纪念亭

9. 焦作市人民公园

公园位于河南省焦作市民主路北段，始建于1957年，是焦作市建园最早的综合性公园，全市唯一的动物园也坐落于此，2001年实行免费。公园占地33公顷，群英河穿园而过，河上架悬索桥，河中有戏水设施。园中有翠月湖，湖中筑岛，并有各式亭、廊、桥、涵建筑（图2.2-44）。春晓亭为四角重檐亭，位于小山坡上，四周花木体现春天的景观；夏日亭位于湖心山丘上，可赏朝霞夕阳；秋月亭为六角亭，建在翠月湖岛上，可赏水中月影；冬瑞亭位于草地上，可赏皑皑冬雪。公园内有牡丹苑、月季园、玉兰景区等观赏区，植物景观多样，还有动物园、海洋馆和大型游乐设施，是市民休闲、健身、娱乐的良好场所。

(图2.2-44)焦作人民公园翠月湖

10. 博山人民公园

公园位于山东省淄博市博山区沿河西路与中心路交汇处,始建于1957年。公园占地面积7公顷,面临孝妇河,背靠原山,最高处海拔209米,相对高度27米,就势分为上、中、下三个主要游览区,是一处可观赏、可休憩、可游玩活动的山地公园。入口广场开阔,以水池为中心,莲叶点点、四周种植牡丹等花卉和彩色叶植物,配置山石,形成吸引人们关注的重要节点。山下树木繁茂、水系蜿蜒,是感受生态的休闲之所,山林中刺槐与爬山虎形成较好的树藤植物景观(图2.2-45)。从山下到山上的爬山道林荫蔽日,曲径通幽,有石阶登山,是健身的好去处。山上地势平坦,有假山、溪流、亭廊、文化墙(图2.2-46)和各种树木,山顶东部,南北各建有古典式亭阁一座,北亭四角攒尖单檐(图2.2-47),南亭五角双檐,登临其上,俯瞰古城风貌,可见孝妇河穿城而过。

11. 盐城市人民公园

公园位于江苏省盐城市老城区西北,西与串场河相接,北滨新洋港河,中华人民共和国成立初期曾是县劳动农场和县烈士陵园,1958年正式改为人民公园。人民公园占地面积16.67公顷,曾为市区最大的综合性公园,绿化覆盖率达98%。1983年建市以来,相继建起了假山、荷花池、花架廊等园林设施。主要有大门广场景区、儿童游乐区、假山曲廊景区、百花亭景区、动物园、盆景园、烈士陵园、苗圃等分区。

（图2.2-45）山东博山人民公园刺槐与爬山虎

（图2.2-46）博山人民公园文化墙

（图2.2-47）博山人民公园山顶四角亭

12. 新乡市人民公园

公园位于河南省新乡市健康路东段，始建于1958年，1964年正式对外开放。公园总面积48公顷，湖渠纵横，湖中有人工岛亭，由各式桥梁相连（图2.2-48）。石榴园、樱花园、玫瑰园、盆景园、消夏园、竹园等景观园，风格各异。石榴园由竹篱围绕，石榴树干苍劲，曲折的迷宫是孩子们的最爱。"爱读书"雕像旁建红柱灰瓦六角重檐亭，飞檐翘角，葫芦宝顶（图2.2-49），亭前置太湖石，周围龙柏、悬铃木、杨、柳环绕，具有中国传统园林建筑风格。石榴园内也有一座形状相近的亭，但为竹制。园内还有摩天轮、水族园、动物园等游乐场所，是一处集园林欣赏、水上娱乐、文化健身、动植物观赏和休闲游乐于一体的综合性公园。

13. 聊城人民公园

公园位于山东省聊城市花园南路，始建于1958年，后经多次改造，又称聊城公园。公园面积达9公顷，主要包括中心活动区、体育健身区、文化休闲区、动物观赏区和花卉展览区。西部有一水池，池岸建水榭，堆叠太湖石，池中建假山，池上建拱桥。水池东侧利用挖水池的土方建小型假山，山上建六角亭，名"栖凤亭"，搭配周围高大的悬铃木，形成咫尺山林之感。同乐堂为举办文化活动的场所。园区以园林绿化为主，藤架上爬满紫藤，可以遮荫。以健康为主题，修建了较高比例的休憩和健身空间，铺以红、蓝各色混凝土地面（图2.2-50），成为市民休闲、娱乐、健身的开放式、综合性公园。

14. 内江市人民公园

公园位于四川省内江市市中区公园街，始建于1959年，于1961年8月正式开园，是该市历史悠久、功能齐全的综合性城市公园（图2.2-51），集科普宣传、爱国主义教育及休闲娱乐为一体。公园现占地面积8.3公顷，假山水池和纪念馆、纪念碑位于公园中心轴线上，主要建筑喻培伦大将军纪念馆，是为纪念黄花岗七十二烈士之一、内江籍革命烈士喻培伦。游乐园位于公园东部，动物园位于公园西部，梅园、苏铁园、桂花园、蜡梅林、蒲葵林、大草坪等植物景区则均匀分布于整个园区；假槟榔林，树干高

（图2.2-48）新乡人民公园湖面景观

（图2.2-49）新乡人民公园六角亭

（图2.2-50）聊城人民公园休闲健身场地

（图2.2-51）内江市人民公园北门

挑，叶片优雅，可开花结果，景观较好（图2.2-52）。

15. 淄博市人民公园

公园位于山东省淄博市张店区柳泉路以西，共青团西路与人民西路之间，始建于1960年，占地面积22.6公顷。人工湖处于公园腹地，面积3.7公顷，分为南湖（图2.2-53）、北湖、东湖，湖中建连心岛和生态岛，还有冬泳基地。东湖上的拱桥造型优美，与水中倒影融合，形如满月（图2.2-54）。游乐区有童趣园、水趣园、翁趣园，主要分布在该

(图2.2-52) 内江市人民公园假槟榔林

东部。公园中以植物为主的游赏区有牡丹园、玉兰园、木瓜园、翠竹园和疏林草地。公园四面均有出入口，2003年改造时在东门建设了可供市民活动的大型城市之光广场，伫立3座巨幅浮雕墙（图2.2-55）。是集休闲、娱乐、健身为一体的综合性公园，曾荣获2003年度中国人居环境范例奖。

16. 济宁市人民公园

公园位于山东省济宁市共青团路与太白路交叉口，始建于1962年，由人民群众义

（图2.2-53）淄博市人民公园南湖

（图2.2-54）淄博人民公园拱桥

（图2.2-55）淄博人民公园城市之光广场

务劳动，利用原东南旧城墙，挖河取土，堆造土山，植树种花，修建而成，面积为8公顷，并将一动物表演团收归公园，园内有狮、熊、狼、豹和部分鸟禽等可供游人观赏。"文化大革命"时期，公园设施遭到破坏。1979年后，由专业队伍重新用块石堆砌土山，整修动物笼舍，修建水上曲桥、亭榭，并发动群众挖湖清淤，砌石护岸。1982年，在公园南区建造大型儿童游乐场，安装了升高旋转飞机、电动游戏木马转盘、水上游龙等游乐设施。1985年新建了仿古园门、观澜亭、凫峰楼等。1989～1992年，动物全部移到北区建成园中动物园。2004年将园内动物、鸟禽迁向别处。2007年5月，进行改扩建，成为以植物造景为主，集文化、休闲、健身于一体的开放性公园。

公园现占地面积9.3公顷，其中水域面积1.4公顷，分为运动健身区、儿童活动区、广场区、综合活动区、安静休息区、水上游览区等区域。园内有较大面积的水域，形成湖面、溪流、旱溪、瀑布、深潭等不同形态，溪流曲折，两侧植被掩映。东门为仿古建筑，歇山顶，五开间，正门上悬"人民公园"匾额，圆柱上有两对对联，门前一对石狮，非常有气势（图2.2-56）。园内还有一天门、迎晖门、凫峰楼、智照禅师塔、高凤亭、槐亭、六角亭等建筑，凫峰楼位于山顶最高处，高15.65米，为二层重檐歇山顶建筑，可远眺全园。智照禅师塔始建于金明昌七年（1196年），全石结构，高10.5米，13层，后修复，建于假山之上，掩映在树林中，既显高耸，又静谧（图2.2-57）。

17. 乌海市人民公园

公园位于内蒙古乌海市海勃湾区黄河大街，其前身为苗圃，1981年改造建园，1984年10月1日正式开园。1999年实施拆墙透绿改造后，免费向游人开放，2000年和2013年又相继进行了改造，是一个集休憩、娱乐、观赏为一体的综合性公园。

（图2.2-56）济宁市人民公园东门

(图2.2-57) 济宁市人民公园智照禅师塔

公园占地35.6公顷，以南湖、北湖、西湖等水系为核心，水体面积0.4公顷，湖中有岛，并有玉带桥、九曲桥、界湖桥等各式桥梁连接，水边有亲水长廊、湖光月影台、赏石亭等，总体布局以自然山水园林为主（图2.2-58）。园中主体建筑为赏石阁，还有奇石馆，以高大乔木为骨干，形成乔灌草复层植物群落景观空间。

公园内既有宽阔的湖面，又有小型水面，还有悠长的莲湖花溪，湿地水生植物种类丰富（图2.2-59），形成不同的自然式水体景观。山体有土山和假山，山上建望远亭，栽植花木，体现中国传统园林景观。园内还有西方规则式喷泉雕塑景观，自西入口圆形喷泉广场，拾级而上为跌水，轴线端为古代欧洲骑士骑马持盾的铜像雕塑，后面为大理石六柱门，再向东的土丘上建有罗马式六柱圆亭，仿欧洲风格明显（图2.2-60）。

（图2.2-58）乌海人民公园水系景观

（图2.2-59）乌海人民公园湿地和赏石阁

（图2.2-60）乌海市人民公园欧式景观区

18. 乌海市乌达区人民公园

公园位于内蒙古乌海市先锋路南侧，公园路东侧，巴音赛街北侧，占地面积4.44公顷，始建于1964年，2010年实施了大规模综合改造，进一步完善了公园设施和园林景观，成为乌达区一处集休闲、娱乐、健身、观赏为一体的综合性公园，年游人量达30余万人次。

公园以人工湖为核心（图2.2-61），水体面积0.4公顷，湖中央建假山，登高远眺，湖光山色尽收眼底。湖上建有一拱形小桥，堤边柳树垂映，颇有江南意境。人工湖南侧有30余米的长廊，临水亭榭古色古香、造型别致，湖岸有宽阔的平台与湖面相接。公园建有交流广场、棋牌广场、演绎广场、老年活动广场等，供人们休闲活动。园区

（图2.2-61）乌达区人民公园湖区

西部主要为绿地，有60余株古桧柏，栽植各种时令花卉，配置雕塑小品，生态与景观相融合。

19. 临河区人民公园

公园位于内蒙古自治区巴彦淖尔市临河区中心，始建于1972年，是临河城区的综合公园，总占地面积为19公顷。2004年巴彦淖尔市政府对人民公园进行了重新规划和大规模改造，铺设道路、广场，并且配置了健身器材、石桌、石凳等，成为人们休闲健身之所，年游人量超过200万人次。

人民公园分为安静休息区、儿童活动区、动物园、奇石区、水上活动区等部分。入口轴线上堆置多座假山，与水池、喷泉相呼应（图2.2-62）。大型水系位于园区中心位置，中央有岛，岛上有亭，栽植各种林木，安静舒适，并架设索桥、曲桥、拱桥等与外围相通，水边有亭廊台榭，供赏景和休憩。牡丹园中心焦点为牡丹仙子雕塑，四周为品种丰富的牡丹，周围绿树围合（图2.2-63），是春季赏花的佳所。动物园位于公园一侧，是孩童们喜爱之所，同时设有儿童游乐设施，也可供孩童游乐。公园内还有烈士纪念塔，是进行爱国主义教育的重要场地。

（图2.2-62）临河人民公园假山水池

(图2.2-63) 内蒙古巴彦淖尔临河区人民公园牡丹园

20. 集宁区人民公园

公园地处内蒙古乌兰察布市集宁区幸福路和民建大街的交汇处，建于1972年，占地面积8公顷。2011年实施提升改造，按功能分为柳岸听风区、中轴景观区、律动夕阳区和杨林悦影区。旱溪可收集利用雨水，两侧置石及植物配置恰当（图2.2-64），人工湖区有鹅、鸭游玩，各类广场和健身步道均有大量游客活动。谢臣纪念碑景观区是爱国主义教育的基地，周边绿树成荫，有效隔绝周边活动场地带来的干扰，宁静肃穆。园内植物配置高低错落，色彩搭配丰富，营造了良好的植物景观。

21. 十堰市人民公园

人民公园位于湖北省十堰市中心，建于1981年，占地面积33.5公顷。公园依山傍

(图2.2-64) 集宁区人民公园旱溪

水，园内有十堰市标志性景观建筑重阳塔，高72米，九层九檐，外观为唐式风格，壁画和彩绘是明清格调，有湖北省地市级一流动物园，还有仿古风景房、仿古戏楼、人工山石瀑布、多功能广场、盆景园、仿古长城等大小景点30多处。

22. 昌吉市人民公园

人民公园位于新疆昌吉市区东北角，建于1982年，占地面积26.4公顷。公园内繁花似锦，绿树成荫，微波荡漾，亭台楼榭，曲径通幽，建有民俗风情园、儿童城、动物园、游乐园和人工湖。

23. 深圳市人民公园

人民公园位于广东省深圳市罗湖区，建于1983年，是深圳较早建成开放的公园之一，面积10.08公顷。公园内水系蜿蜒，岸边美人蕉、再力花等湿生和水生植物生长茂盛（图2.2-65）。园内建有潄月亭、玫瑰宫、月季园、月季长廊、玫瑰广场、老年广场、儿童乐园、健身区等景点。玫瑰宫以月季花瓣形状为造型，白色屋顶与茶色玻璃对比强烈（图2.2-66），现代感强，室内可举办月季插花等展览活动。

公园内分月季园景区、运动康乐区、游览休闲区等部分，有烟波致爽、修篁弄影、爱泉落处、琴台恋曲、绿茵细浪、活泼泼地、交友鹊台和玫瑰情怀等八大景点。园内植物种类丰富，南洋杉、酒瓶椰子、大王椰子、软叶刺葵等热带植物营造出热带风情（图2.2-67），与河溪、假山、亭榭、拱桥等相映成景，形成现代与传统相融合的园林景观。以月季为主题花卉，栽培300多个品种5万余株月季（图2.2-68）。2009年6月，被世界月季协会联盟评为中国首个"世界月季名园"。

（图2.2-65）深圳人民公园幽深的水面

(图2.2-66) 深圳人民公园玫瑰宫

(图2.2-67) 深圳人民公园大王椰子与软叶刺葵配置

（图2.2-68）深圳人民公园内月季园

24. 临沂人民公园

公园位于山东省临沂市银雀山路，沂河西岸，始建于1987年，由原金雀山公园和儿童乐园合并改建而成，有北入口区、金雀广场区、滨水活动区、儿童活动区、松林音乐谷区、阳光草坪区、林荫健身区、奇石展示区等部分。北部为主入口，采用轴线加广场的布局，轴线两侧为雕塑，端点为假山瀑布和山林。

公园占地面积28公顷，其中水面5.4公顷，有卧龙湖、锦鳞湖、生态岛、银雀广场、蒙山韵广场、玉澜堂、岩石园、百草园等景点。园中山形水系布局巧妙，西部地势高，林木茂盛，并有假山相配。水边置水榭和碧波亭（图2.2-69），亭台桥榭相贯。水上有金雀桥、连心桥、曲桥等各式桥梁，金雀桥为三拱石桥，连接卧龙湖岛岸，造型优雅，如长虹卧波，与岸边垂柳相辉映（图2.2-70）。玉澜堂为园中园，庭院式布局，小巧精致。其他园区自然式布置，以植物为主，是市民休闲健身的良好场所。

（图2.2-69）临沂人民公园卧龙湖和碧波亭

25. 廊坊市人民公园

人民公园位于河北省廊坊市新华路与银河路之间。1988年4月，河北省廊坊市人大一届一次会议决定建中心公园，1989年设立公园筹建处，1990年7月28日举行奠基仪式，公园建设正式开始。1993年"中心公园"改称"人民公园"，7月1日在公园东门外广场举行开园典礼，正式向游人开放。

（图2.2-70）临沂人民公园金雀桥

公园占地面积22.3公顷，分为山湖区、儿童游乐区、春景区、岩石园区、怡秀园区和青年游艺活动区，布局合理、游憩游艺场所齐全。东、西入口为大型广场，呈规则式轴线布局。中心为大型水面翠湖（图2.2-71），湖边建水榭平台，水上建岛怡秀山，山上绿树葱茏，建燕云亭。湖边堆山叠石，大型假山上种植榆树和桧柏等树种，洞壑悠然（图2.2-72），游人可穿行、戏水赏荷。园内有雪松园、樱花园、紫薇园、蔷薇园、岩石园、秋景园等，植物种类多样，还有怡秀园，呈中国古典园林风格，山水亭阁相掩映，呈自然式布局。

26. 开平市人民公园

公园位于广东省开平市梁金山南侧，始建于20世纪90年代，2010年进行了改造。公园占地面积27公顷，包括广场区、舞台景观区、生态景观区、疏林草地区、湿地景观区、花卉展示观赏区、林荫景观区和体育健身区等，由环园路、环湖路及小园路将各个景点连成有机整体。园内设太极广场、扇形广场、叶子形广场、健身广场、四季花坛广场等，体现侨乡文化和岭南风格。园内有大型水面，栽植荷花，沿湖布置亭台水榭，可沿湖赏景。此外，园内还有平缓的溪流（图2.2-73），两岸堆置英石，栽植富有南国情调的大王椰子、银海枣等棕榈科植物，突出热带风情，是集健身娱乐、文化推广、休闲观光为一体的综合性生态城市休闲公园。

27. 丰镇人民公园

公园位于内蒙古自治区乌兰察布市丰镇市新城区街道迎宾大街，规划用地面积

（图2.2-71）廊坊人民公园翠湖

（图2.2-72）廊坊人民公园假山

（图2.2-73）开平人民公园溪流景观

95.67公顷，2005年一期开工建设40.6公顷，后期进行景观改造，布置雕塑、景观石、园林植被种植，栽植有云杉、油松、柳树、金叶榆、丁香等树种。二期利用穿园而过的黑河，挖土成湖，人工湖面积为10.4公顷，水深0.8米，小桥、湖水、游鱼、亲水广场、木质平台形成整体的景观，湖心生态岛按丰镇薛刚山1∶5的比例堆建，并将丰镇市盛名的景观水阁凉亭按原有比例置于湖心岛的中央（图2.2-74）。

丰镇市地处蒙、晋、冀三省交界处，清代雍正年间设丰川卫，隶属大同府。2014年建造了兼具草原特色和晋商气息的"丰川宝鼎"主题雕塑，高22.2米，基座由三层逐级缩小的平台组成，每层分别为5、10、5级台阶，周围有汉白玉围栏（图2.2-75）。雕塑通体钢结构，激光雕刻、氟碳漆表面处理，以繁体"丰"字创意，外形是中国传

(图2.2-74) 丰镇人民公园湖心岛上亭阁

统宝鼎，3个立面分别有蒙古族兰萨图案、山西剪纸以及河北门神云纹等元素，象征着天地相通、生命永生繁衍，是丰镇市的标志性景观。

28. 乌海市海南区人民公园

乌海市海南区人民公园位于内蒙古乌海市城区公园路与黄河路之间，于2010年10月开工建设，占地面积17.7公顷，采用挖湖堆山以及对景、障景、框景等园林手法。公园由"一心、五区、十八景点"组成，"一心"即中心宝湖水景区，"五区"即康体健身区、文体休闲区（图2.2-76）、入口景观区、儿童游乐区和自然山体区，18个景观节点贯穿其中。双飞亭、清风阁、临水长廊、水榭、观景平台、喷泉、花坛、奇石园等园林景观相互映衬，浑然一体。

(图2.2-75) 丰镇人民公园丰川大鼎

(图2.2-76)乌海市海南区人民公园文化柱

三、易为他名的人民公园

1. 唐山市人民公园（现为大钊公园）

河北省唐山市人民公园始建于1954年，由原开滦煤矿义地改建而成，占地面积7.53公顷，是唐山市第一个公园。1976年唐山大地震使得园内建筑设施和花卉树木大部分被毁坏。震后，公园恢复建设期间，正值拨乱反正时期，李大钊重要历史地位得以重新确立。为了弘扬李大钊精神，资政育人，振兴唐山，市委市政府决定将人民公园更名为大钊公园。

1986年底，大钊公园按照新的规划方案改建，面积扩大为14.77公顷，园区建设以纪念李大钊为主题格调，在公园西部开辟了纪念区，山顶上以李大钊雕像为中心，四周松柏环绕。另外，还设置了少儿活动、老年活动、安静休息三个功能不同的分区，成为综合性的文化、娱乐场所。1989年9月30日正式对游人开放，彭真同志为大钊公园题写了园名。

2. 保定人民公园（现为保定市动物园）

公园位于河北省保定市旧城南关。1916年曹锟任直隶督军、直隶省长等，在保定六年之久，其间大兴土木，建立了直系大本营。1921年曹锟在保定城南偏西兴建起规模宏大、占地40公顷的花园，两岸占地各约20公顷，汇集了南北园林之精华。据《清苑县志》载："前直鲁豫巡阅史曹公锟创造，跨河为园，远挹山色，府枕河流，且极轩馆林泉之胜，足供游览。"竣工后，曹锟亲自撰写了"保定城南公园碑记"，在公园南岸兴建了一座园中园"乐寿园"作为曹锟府邸，同时跨府兴建了两座木桥。1926年，因直鲁两军争夺保定，曹锟离开保定去了河南。在《保定人民公园记》碑文中记载："曹公移即以去，继吕变乱兵，瞬不转期而沦为废园。"1928年重修废园，将城南公园易名中山公园，修葺两座木桥。据《清苑县志》载："园内原建二桥为南北交通要道。清徐警备司令祝公芾南驻节保定，乃捐款重修其东西二桥，并加以修葺，定东曰中山桥，西曰中正桥，过去三几年府河发一次洪水，为了保护木桥，中正桥建成无桩吊桥。"

1936年省主席宋哲元重修公园，中山公园改名为"人民公园"，取"与民同乐"之意，园内水桥亭廊，绿树花坛，风景尚可（图2.2-77）。1937年"七七"事变后，日本军队占领保定，在园内驻兵，建神社，用作种马场。日本投降后，成为河北省农事试验场，国民党曾驻兵。在日本投降和国民党军队撤离保定后一度发生哄抢，看园者也监守自盗，连搬带烧，损失殆尽。

1952年府河北岸部分重建，6月24日开园，定名为"保定市人民公园"。1995年人民公园改名为保定市动物园。公园两次命名为人民公园，体现了公园为民服务的宗旨。

（一）

（二）

(三)

(四)

(图2.2-77) 保定人民公园风影（《河北月刊》1936年第4卷第7期）

3. 呼和浩特人民公园（现为青城公园）

公园位于内蒙古呼和浩特市区中山西路，据《归绥县志》记载，公园前身为龙泉公园，建于1931年，占地面积1.33公顷，此处原有一座山岗名为"卧龙岗"，岗下有一涌泉，水流淙淙不断，甘甜清澈，泉名为老龙潭，又名龙泉。1950年进行扩建重修，更名为人民公园，1952年9月11日正式对游人开放。1953年增建动物园，1955年修建人工湖。1997年6月，为突出内蒙古自治区首府特点，更名为青城公园。2003年9月12日免费开放。

公园总面积为46.5公顷，其中水面10.3公顷，自然式与规则式景观相结合，成为文化休闲综合性公园。纪念区矗立着高达19米的人民英雄纪念碑（图2.2-78），南北两侧为毛泽东主席书写的中文碑文"烈士们永垂不朽"，东西两侧为蒙古文。自1950年至1997年"人民公园"名称存续47年，在当地市民中留下了难忘的记忆。

4. 太原人民公园（现为文瀛公园）

公园位于山西省太原市中心区的海子边东街，俗称海子边公园。原是明代太原城中的雨水汇集而成的两片积水，清康熙年间取名"文瀛湖"。清末光绪年间，冀宁道连甲将文瀛湖清理了一遍，并在北湖的东南面修建了一个小亭，取名"影翠亭"，在湖的四周安设了木栅栏，在湖里放了两只小船，初具公园的雏形。光绪三十一年（1905年），于北湖北岸建二层楼房，作为土产陈列馆，名为劝工陈列所。楼前是一片广场，称为"太原公会"，是群众集会的场所。辛亥革命后，正式称为文瀛公园，园中劝业楼（孙中山纪念馆）始建于1905年，1912年为纪念孙中山先生的三晋之行而更名。1928年北伐战争胜利后，公园更名为中山公园，先后修建了许多景致和活动场地。1937年太原

（图2.2-78）呼和浩特人民公园（青城公园）人民英雄纪念碑

沦陷后，日伪将中山公园改名为新民公园，园内破败不堪。1945年抗日战争胜利，公园更名为民众乐园。

太原解放后，在人民政府的领导下，恢复和扩建了这个历经沧桑、荒芜破败的老公园。当时园址仅有4.67公顷，扩大为6公顷，清理了垃圾，疏浚了湖底，围湖砌起了砖栏杆，栽植了多种花木，设立了80条座椅，购置游船6只，初步恢复公园面貌，命名为人民公园，这是中华人民共和国成立后太原市第一个公共游览之地。1950年，山西省第一届各界人民代表会议在公园内的人民大礼堂召开，共商建立新山西的大计，决定为纪念太原解放战役中牺牲了的革命先烈，在人民公园内修建人民革命烈士纪念碑。纪念碑周围遍植鲜花翠柏，正面国徽下是毛泽东同志题词"死难烈士万岁"，游人至此，驻足瞻仰，肃然起敬。

1952年在湖西岸征购民房63间，改建成动物兽舍13间，又新建5间，同时筑了一个小猴山，将博物馆饲养的动物迁入公园内，又新购回一部分动物。人民公园内的动物不断增加，至1957年已经发展到72种267只，但公园面积有限，又处在闹市区，不宜在此饲养动物，遂将这些动物迁入新建的太原动物园中。人民公园内的动物迁走后，兽舍全部拆除。1954年开工兴建了半壁长廊共10间，长达321米，长廊墙壁上嵌有钟繇、褚遂良、苏东坡、黄庭坚、傅山等历代著名书法家真迹的《崇德庐贴》石刻，这批珍贵文物是清代阳曲县收藏家李希搜集，并于咸丰二年（1852年）刻之于石的，抗日战争中遗失了一部分，中华人民共和国成立后，李希的玄孙李玉成捐献给文管会，1958年又嵌入公园长廊，以供书法爱好者鉴赏。

为了发展省城少年儿童事业，1982年3月，人民公园改名为儿童公园，先后投资220万元，集资92万元，对公园进行改造并添置了各种游艺设备。2009年复名为文瀛公园，面积达11.9公顷。

5. 济南人民公园（现为济南中山公园）

公园位于山东省济南市经三路，占地面积3.11公顷。其前身是1904年济南开辟商埠时创建的商埠公园，为济南第一座公园，后称济南公园。1925年因孙中山先生逝世而更名为中山公园。1929年后改称五三公园，1951年更名为人民公园。1986年11月为纪念孙中山诞辰120周年之际恢复中山公园的名称。自1951年至1986年，"人民公园"的名称沿用了35年，园内的假山叠石、亭台池榭等园林特征保存较好（图2.2-79）。

6. 烟台人民公园（现为烟台儿童公园）

《烟台市志》记载，公园于1953年始建，原称南大道公园，1955年建成以动物园为主的综合性公园，占地4.37公顷，1968年在公园西部建起展览馆，公园面积减少。

(图2.2-79)济南人民公园(济南中山公园)云洞岭

1971年改称烟台人民公园。1977年园内动物迁入南山公园。1978年改建为烟台儿童公园,园内设有少年宫、花卉展览区和儿童游乐场。自1971年至1978年,"人民公园"存续时间较短。

7. 德州陵县人民公园(现为颜真卿公园)

公园位于山东省德州市陵县城区公园南路以北,始建于1981年,名为德州陵县人民公园,是为了纪念陵县著名政治家、书法家颜真卿而建造,有文博苑、唐城墙遗址、植物园和花卉温室、儿童乐园和旱冰场,文博苑内有东方朔画赞碑、碑亭、颜公祠等建筑文物。唐城墙遗址是唐代颜真卿任职平阳郡,为抵御安史之乱用泥土堆成的城墙。2014年公园改建更新后,将人民公园更名为颜真卿公园,以弘扬颜真卿文化为公园的主题,符合公园文脉传承发展要求。"人民公园"名称存续33年。

8. 汕头人民公园(现为汕头中山公园)

公园于1921年便酝酿建设,初始命名为中央公园,但直至1925年仍因经费问题未能建成,1925年国民革命军东征军第二次收复潮梅后,召开市民大会,决定把中央公园改名为中山公园,以纪念孙中山先生。

1926年9月15日,驻军汕头的何应钦和汕头师长范其务联合举行中山公园奠基仪式。在此之前,二人联合向社会各界发动募捐,共筹得善款数千元,作为园内建筑园门和木桥之用。1927年冬,已转任潮梅区财政处长的范其务专门拨出经费,支持中山公园建设。接着汕头师长黄开山又着手继续建设公园内的各项工程,并由工务局主持公园的全面设计与施工。1928年建成开放。

1951年将忠烈祠改为儿童文化宫,平整了公园广场,这个广场在海滨人民广场建

(图2.2-80)"文化大革命"期间的中山公园正门牌坊照片（王瑞忠 摄）

成之前，一直是全市大型集会与体育活动的唯一场所。1954年新建儿童游乐园和动物园，竖立工农兵塑像。1955年新建了文化走廊、阅览室和游泳池，维修扩建大型游戏场，规模达3000个座位，是当时全市大型会议的唯一大会场。"文化大革命"期间，中山公园改名为人民公园，正面牌坊上的"中山公园""天下为公"浮雕金字改为"为人民服务"门匾，四柱相应增镶革命化对联（图2.2-80）。如今，汕头中山公园恢复最初名称，作为中山公园呈现在市民面前。

9. 湛江人民公园（现为湛江寸金桥公园）

1899年，清政府向法国租借广州湾（湛江旧称），租期99年，文章河自法国强租广州湾后，成为"界河"，河东属法租界。第二次世界大战期间，法国无力顾及远东，日本趁机于1943年2月19日正式占领广州湾，日本战败投降后，1945年8月18日，法国政府才将广州湾交还中国。此时，寸金桥一带久经战火，民不聊生，四野荒凉。1959年，湛江市政府和人民为纪念抗法斗争六十一周年，扩建了寸金桥，并在西桥头立了纪念碑志一方，记载抗法斗争事迹始末。抗法英雄塑像上有郭沫若题诗"一寸河山一寸金"。

寸金桥两侧为寸金桥公园，位于广东省湛江市赤坎区西侧，公园建于1958年，先后称"西山公园""人民公园"。在1982年纪念抗法斗争八十四周年时，市人民代表大会决定把"人民公园"改为"寸金桥公园"。

10. 小榄人民公园（现为凤山公园）

公园位于广东省中山市小榄镇文化路北侧，1945年绅商梁应燽等在此筹建公园，1946年建成开放，面积0.7公顷，取名榄山公园。1949年改造后辟为人民公园。2010年改称凤山公园。"人民公园"的名称存续61年之久。

公园现占地4.5公顷，西北部建有凤液池、水帘洞、孙中山雕像、凤凰台、凤凰阁等亭台楼阁以及革命烈士陵园（图2.2-81），东部有起凤阁、艺术馆等，具有浓郁的岭南园林特色。

（图2.2-81）小榄人民公园（凤山公园）革命烈士纪念碑

11. 长泰人民公园（现为长泰陶然园）

据《长泰县志》载，宋代起，长泰县署、射圃、龙津溪边等处及城郊广植榕树、樟树，在县署的空地种植桃、李、荔枝等果树，在县署后的罗侯山种植桂树、松树等。时至春日，县署一带桃李争艳、树木葱郁。城南的登科山（来青山）、水晶山也广植树木，浓荫一片。民国时期，县城没有辟建公园。

1955年，在福建漳州长泰县城中心建长泰人民公园，占地1.1公顷，公园以石埕池为中心，栽花种树，开辟游览通道，修筑假山亭榭，设置石桌、石椅等，成为人民休闲的好去处。1984年，人民公园改为陶然园，增修设施，建筑门亭，面积扩大到2.3公顷。如今，陶然园绿树浓荫、景色宜人。

12. 自贡市人民公园（现为自贡彩灯公园）

自贡彩灯公园位于四川省自贡市中心，占地面积10.3公顷，其中水上面积0.75公顷，是一个集园林、游乐为一体的综合性文化公园，是自贡灯会举办的主要场地。

彩灯公园始建于1930年，取名滏溪公园，1941年更名为慧生公园，1950年更名为自贡市人民公园。1988年经市委、市政府批准划归自贡市灯贸委管理，更名为自贡彩灯公园。"人民公园"名称存续38年。

13. 南通人民公园（现为南通博物苑）

1905年，张謇在江苏省南通市濠河之滨创立我国第一座博物馆——南通博物苑，占地2.3公顷，苑中广植花草树木，养殖珍禽鸟兽，与室内展品呼应，另有各种园林设施点缀其间，营造成一种高雅精致而又轻松闲适的氛围。1951年，南通博物苑园林部分划为人民公园，建藤东水榭、国秀亭、假山、荷花池等园林设施，总面积3.87公顷。1956年增辟动物角，同年在南边兴建儿童乐园区。1975~1977年兴建河心亭、九曲桥、水榭茶楼。至1987年公园总面积为7.13公顷。1999年并入南通博物苑，实现馆园一体。自1951年至1999年，"人民公园"的名称存续48年之久。

园内国秀亭为木质凉亭，位于国秀坛内，因早期在坛中间种植各种牡丹而命名，与假山相配置。河心亭（波影亭）位于濠河中，重檐木结构，九曲桥以河心亭为中心，两端与岸相连（图2.2-82），与映波楼为一组建筑。藤东水榭也位于濠河边，为单层歇山式建筑，适宜赏景。

（图2.2-82）南通人民公园（南通博物苑）九曲桥与河心亭

14. 太仓人民公园（现为弇山园）

公园位于江苏省太仓市县府西街，又名太仓公园，前身是"憩园"，是民国初期由江苏太仓人陆佐霖、陈大衡和李液丰设计改建而成的憩游山庄。中华人民共和国成立后辟为人民公园，旧园面积约为4公顷，按照典型的江南园林而建，中间曲折的水面将空间分成4个景区，包括墨妙亭、弇山堂、嘉树亭、小飞虹在内的一些园林建筑散布其中。现名弇山园。

四、人民公园的变迁分析

人民公园是中华人民共和国成立后,进行社会主义建设的产物。在辛亥革命推翻清朝政府后,1914年,颐和园作为末代皇帝溥仪的私产售票开放,1924年溥仪出宫,颐和园被国民政府接收,辟为公园。1949年4月10日颐和园对外开放。1966年颐和园东宫门悬挂了"人民公园"匾额,这与当时"破四旧"的思想有关,颐和园被看作封建社会遗留下来的皇家园林,更名为"人民公园"以体现人民当家做主的时代特征。1970年,恢复颐和园原有的匾额。广州的"第一公园"也是在1966年更名为"人民公园"的。可以看出,"人民公园"的命名有很强的政治性。

"人民公园"名称的变更也有着很强的社会性。太原文瀛公园在中华人民共和国成立后更名为人民公园,1982年又改为儿童公园,与改革开放初期,社会上追求经济效益,以园养园的政策有关。后又复名为最初的"文瀛公园",反映了对公园历史文化的回归。南通博物苑经过人民公园的变更,重又更名为南通博物苑,也是体现了对历史的传承和认同。

"人民公园"名称的变更还反映着历史文化性差异。唐山市大钊公园、德州市颜真卿公园均由原人民公园更名而成,反映出对当地人文文化的认同。2005～2007年邢台人民公园进行了重新设计和改造,并改名为邢台历史文化公园,展现邢襄文化内涵(图2.2-83)。呼和浩特人民公园和中山小榄人民公园分别更名为青城公园和凤山公园,反映了市民对当地地域历史文化的认同。

人民公园在增建的同时,也有的消逝不存。《临安县城乡建设志》记载:1954年4月"临安天桥东棋盘地一带建造临安人民公园。1956年2月,临安镇各机关、学校、厂矿单位分包附近的人民公园。1962年3月,临安县人民公园改为他用。"可见,浙江临安人民公园存在仅8年之久。

(图2.2-83) 邢台历史文化公园

第三节
人民公园的发展展望

一、人民公园的建设发展阶段

自中华人民共和国成立后,全国人民公园的建设一直方兴未艾,总数200余座,不同阶段均有建设,只是在规模和数量上有所不同。

(一)1949~1952年

1949年,中华人民共和国成立之初,全国各城市保存下来的公园数量极少,上海市最多,有11座,但多集中在过去的租界区域内。北京市仅存4座公园,园容衰败,树木花草寥寥无几。河南全省仅有3座公园。1949~1952年为中国国民经济的三年恢复阶段,人民公园的建设以修复、整理旧有公园和改造、开放私家园林为主,较少新建公园。

1949年,太原人民公园和小榄人民公园分别在原民众公园和榄山公园的基础上整理更名而成。1950年,常州人民公园、成都人民公园、重庆人民公园、呼和浩特人民公园、自贡人民公园分别为原公花园、成都少城公园、重庆中央公园、龙泉公园、惠生公园改造更名而成。1951年,南通人民公园、天津人民公园和济南人民公园分别由南通博物苑、天津荣园和济南五三公园改造更名而成;1951年新建了南宁人民公园、郑州人民公园和潍坊人民公园。1952年,上海人民公园在原上海跑马厅基础上改建而成,辽宁营口人民公园在原旭公园基础上改建而成,保定人民公园也进行了建设。乌鲁木齐人民公园和靖江人民公园也是在中华人民共和国成立后分别由原中山公园和公花园改称为人民公园的。可见,此阶段的人民公园大多是利用原有公园改建而成,且省政府所在地占比较大。

(二)1953~1957年

经过三年恢复,1952年8月,中央人民政府决定成立建筑工程部,并设立了城市建设局,召开了第一次城市建设会议,会议划定了城市建设的范围,并指出了城市公园、绿地建设的工作目标。1953~1957年,是中华人民共和国第一个国民经济五年计划时期,国民经济开始稳步发展,许多城市加强了城市绿化建设,比如新建公园、增加道路绿化、加强苗圃建设以及发展单位、学校、居住区等绿化，使得城市环境得到了较好的改善。1956年5月，中华人民共和国城市建设部成立，根据城市建设部对城市绿化工作的指导，以花钱尽量少、效果尽量好的原则，全国城市园林绿化工作以动员群众普遍栽花种树、绿化环境为主。

1953年，包头人民公园建成并命名，通辽人民公园在原苗圃基础上建成，延吉人民公园在原民国商埠局公园基础上改建而成。1954年，南昌人民公园、景德镇人民公园、唐山人民公园、周口市人民公园建成命名。1955年，贡井人民公园在原张家花园的基础上整修改建而成；安阳市人民公园、澄海人民公园、长泰人民公园为新建。1956年，东莞市人民公园在原中山公园的基础上改建而成；玉林市人民公园和乌镇人民公园为新建。1957年，海口人民公园在原海口公园基础上改建更名；毕节人民公园、南阳人民公园、焦作人民公园、博山人民公园和肇东人民公园等为新建。这一阶段的人民公园以新建为主，改建为辅。

（三）1958～1965年

1958～1960年，全国都出现了"大跃进"的形势，为了适应工业发展，不仅城市建设加入了"大跃进"运动，园林绿化事业也跟上"大跃进"的步伐。在这一形势下，中央提出"大地园林化"的号召，工作重心转向了普遍绿化，全国各城市公园建设的速度逐渐减慢。

1958年，新建德州市人民公园、聊城人民公园、商丘市人民公园、新乡人民公园、西宁人民公园和盐城人民公园等。1959年，新建嘉兴人民公园、内江人民公园、宣化人民公园。1960年，建淄博人民公园。1962年，建济宁市人民公园。1964年，建枣庄人民公园、乌海乌达区人民公园。1965年，建邢台人民公园。此阶段的人民公园基本为新建。

（四）1966～1977年

1966年后，不少公园内的景观、文物古迹等被列入"四旧"的范围，遭受了破坏。1971年，因联合国大会恢复了我国在联合国的合法地位，国际交往的开展和为了能在公园中举办"五一"劳动节、国庆节等全国性节日的大型游园活动，政府开始修复公园中的景观及设施，尤其是古建筑，栽花植树也有增加，人民公园的建设也逐渐进入正轨。

1966年，新建宜宾市人民公园，广州人民公园为中央公园更名而成。1970年，新建百色人民公园和漯河人民公园。1971年，烟台人民公园由南大道公园改建而成。1972年，内蒙古自治区新建集宁人民公园和临河人民公园。1973年，新建沧州人民公园，原湖滨公园改建成三门峡市人民公园。1974年，双鸭山人民公园由原青年公园更名而成。1975年，新建运城人民公园，1979年开放。1977年，新建铜川人民公园。此阶段，汕头人民公园、绵阳人民公园为原中山公园、川西北第一公园更名而成。这一阶段的人民公园有的为新建，有的是在原有公园基础上改建更名而成。

（五）1978年至今

1978年改革开放以后，各地经济快速发展，公园建设规模增大，人民公园也得到建设发展。1981年，乌海人民公园、陵县人民公园和十堰人民公园新建。1982年，新建廉江人民公园。1983年，深圳人民公园、北票人民公园、鞍山人民公园新建。1985年，新建徐闻人民公园。1986年，新建哈密人民公园、怀仁人民公园。1987年，临沂人民公园和朝阳人民公园新建。1988年，瑞昌人民公园新建，至1994年建成开放。1993年，廊坊人民公园、观澜人民公园、沙湾人民公园新建。1997～1999年先后新建上海华新镇人民公园、泽普县人民公园、江苏姜堰人民公园。开平人民公园也是在20世纪90年代新建的。进入21世纪，2002年，新建安达市人民公园、广州花都区人民公园。2003年，建黄江人民公园、忻州市人民公园。2005年，丰镇人民公园新建，此后仍陆续有人民公园新建。这一阶段的人民公园基本为新建，而且以县市为主。

二、人民公园的展望

各地人民公园由于建设年代、规模、管理属性等存在差异，还存在发展不平衡等问题，需要在今后引起重视。

（一）功能定位

人民公园的建设从中华人民共和国建立后开始，初期主要借鉴苏联的公园建设理论，注重功能分区，追求大而全的设计理念，强调公园所能涵盖的内容要尽可能丰富，每个功能分区可相对独立存在。各地的人民公园很多都是当地首个城市综合性公园，公园内展开的活动也极富特色，如大型文娱晚会、戏剧曲艺演出、竞技体育比赛等，多为有组织的、大型、群体性参与的活动，但不太注重为个体的休憩提供场所与便利。

各地的人民公园多位于城市核心地带，且大多为免费开放，游人量众多，功能多样，以满足大多数周围居民的休闲、健身、娱乐为主，早中晚的来园游客络绎不绝。但是人民公园内的活动类型和场地使用较为单一，主要面向老年群体和儿童群体。开展的活动类型呈固定化趋势,主要有广场上的中老年人锻炼、歌舞、林荫下的棋牌活动,儿童游乐场的大型机械娱乐等。相对于老、幼群体而言,中青年人利用公园场地较少,缺少紧跟时代节奏的时尚活动区域,如何能更好地吸引年轻人来到人民公园是需要思考的问题之一。

(二)建园理念

大多数人民公园的规划建设注重人们的需求,注重现代与古典相结合,形成特色,但也有一些人民公园出现功能泛化、雷同,空间处理和景观特色相似,缺乏创新之处等问题,需要加以调整提升。

一是缺乏主题特色,未能承载地区记忆。有的人民公园缺乏地方风格与个性,过于考虑普世的园林艺术和建设风格,导致百园一面,模式单一。应挖掘所在地的自然、文化和历史方面的特色,通过山水营造、植物景观的配置、建筑细部的设计等,展示其独有的人文气质与山水精神。

二是保留、挖掘历史文化的深度与广度不足。对公园文化的延续,并不仅仅是公园内纪念塔、古建筑的保留与修缮,在有效保护的同时,还可以进一步发掘其背后的文化意涵,延续其文化内容,打造具有一定主题、具备文化特色的场地与功能,实现古典与现代的融合,历史与今天的对话。

(三)建设发展

不少地方的人民公园是其所在城市在中华人民共和国成立后建设的第一个公园,显示出人民公园在政府、在人民心中的重要地位。各地政府高度重视人民公园的发展建设,对人民公园进行修复,完善各类设施,维持人民公园在城市公园系统中的地位。大多数人民公园在政府的支持下,依然保持着蓬勃发展,公园设施逐年完善,成为市民最主要的休闲娱乐场所之一。但也有个别人民公园,经历了几十年的风雨,在园容、园貌、园景设施等方面都显得陈旧,加之城市现代公园的竞争越来越强,其他公园逐渐建设起来,市民拥有更多的游乐选择,人民公园在城市公园系统中原有的地位有所动摇。如重庆人民公园,随着周边的文化宫、少年宫和枇杷山公园、鹅岭公园、动物园等现代公园逐渐建设起来,市民拥有更多的游乐选择,人民公园逐渐失去往日风采。

随着城市公共空间的增多、社会经济的发展和人民生活水平的提高,各地公园推行免费入园,很多人民公园成为当地首批拆墙透绿、免费对公众开放的公园,受到市民热烈欢迎。但游人过多也带来了公园超负荷运行、秩序拥挤、人员嘈杂、设施破坏严重、治安管理问题日益突出、保洁压力加大等问题。而人民公园大多为事业单位，普遍存在着资金短缺、维护成本增大等问题，持续发展压力较大。各人民公园的管理体制，有的是全额拨款，有的是招标社会化托管，有的由企业经营，部分以园养园，但总体以公益属性为主，卫生保洁、绿化养护和安全维护等工作采购社会化服务，需规范工作内容和工作标准，提高公园管理的有效性。

在新的历史时期，人民公园应进一步适应新形势下的民众需求，丰富园内可开展的活动，在日后的改造与建设过程中，更加注重对文化的保护与延续，发挥城市记忆的功能作用，同时注重与时俱进，创新管理理念，适应新时代的市民文化生活需求。

第三章
中山公园和人民公园的数字化展示

CHAPTER THREE

第一节
中山公园的数字化展示

中山公园的建设和发展是中国近代园林历史的反映，是中国公园建设成就的缩影，反映了不同的时代特征，留下了各种文化烙印，具有重要的展示价值。将中山公园所具有的独特历史文化价值和园林价值，进行数字化科普展示，能达到传播中华园林文化的目的。为此，将研究成果和收集的资料进行挑选、归类、科普化，通过数字化展示手段，以触摸屏作为传播媒介，开发建设了中山公园触摸屏数字化展示系统，采用更为直观、有效的方式，向大众传播更为系统的知识。

一、数字化展示内容构成

中山公园作为极具特色的纪念性公园，既具有园林的本质属性，又具有丰富的历史文化内涵，有着重要的意义。中山公园研究成果的数字化展示，是向公众传播中山公园的相关知识，从中抽取出适于触摸屏展示、公众乐于了解和易于接受的内容。经梳理，确定中山公园触摸屏数字化展示系统中所涉及的内容构成如下。

1. 总体介绍

对中山公园进行总体性介绍，让公众了解中山公园的建设历程、所起到的功能和作用，以及中山公园的意义所在。

2. 各园概览

全世界目前现存约90座中山公园，以地图方式展现86座中山公园的分布情况。为每座公园配有文字和图片，让公众了解各地中山公园的历史溯源、规划分区和园林特征。每座中山公园文字介绍300~500字，配图片5~10张，便于对各中山公园有比较简洁、直观和形象的了解。

3. 园林特征

中山公园有的是在原传统园林基础上进行改建，基本保留了原有的山形水系和植物景观，大多数都秉承了中国传统造园技艺。但是由于中山公园的建设年代正处于社会急剧变革期，也受到西方园林的影响。因而园林风格各异，整体布局和园林建筑类型多样化，具有时代的独有特征。主要从造园风格、整体格局、空间布局、山形水系、园林建筑、园林植物等方面进行介绍。

4. 科普展示

中山公园的造园元素中有着鲜明的园林特征和纪念特征，又结合了地域特征，因此，各地中山公园的园景园貌照片中的元素具有较高的可识别性。选择各中山公园较为典型的特征图片，从孙中山先生塑像、中山纪念堂、中山亭、"中山公园"题石、大门、纪念碑、假山、水系、特色景观等方面进行设计，起到科普互动效果。

二、数字化展示设计原则

根据数字化展示内容，由介绍性文字+图片构成，尤其是各地中山公园的介绍性文字与图片是匹配出现的；各地中山公园又具有地域分散分布的特点。前端数字化展示页面效果设计原则确定如下。

1. 有序性

前述确定的数字化展示内容有固定的架构，在转化为数字化展示栏目时，也遵循内容原本的构架，有序设置栏目，包括总体介绍、各园概览、园林特征、科普展示四部分。

2. 交互性

对国内外86座中山公园通过地图方式，展示其地域分布特性。触摸屏的操作方式与手机等操作方式相近，支持使用滑屏等方式进行内容的切换等。

3. 参与性

除了内容罗列展现外，为进一步增加公众的参与感，设置参与性的互动类小游戏，让公众在了解内容的基础上进一步发挥，提高趣味性的同时，加深对内容的理解深度。

三、数字化展示界面设计效果

根据以上设计原则，前端数字化展示页面设计效果如下。

1. 首页

首页的"中山公园"是郭沫若为北京中山公园所题，主体背景为北京中山公园的中山堂，具有很强的标志性。中山堂是孙中山先生逝世后灵柩停放并举行全国公祭活动的场所，也是后人纪念和缅怀孙中山先生的场所，每年孙中山先生的诞辰和忌日，人大和政协等社会各界会在中山堂举行相关纪念活动。中山堂下面提供简洁明快的栏目导航按钮（图3.1-1）。

(图3.1-1) 中山公园触摸屏首页

2. 总体介绍

中山公园的总体介绍，由中山公园的建设、作用和意义等几部分内容构成，采用选项卡的方式，进行不同部分的文字内容切换查看（图3.1-2）。

(图3.1-2) 中山公园总体介绍栏目页

3. 各园概览

中山公园在国内外均有分布，现存的总计约90座，以地图形式展示国内中山公园的地域分布情况。点击地图上某个中山公园的地标，可直接进入其详情页（图3.1-3）。左侧提供国内、国外中山公园的列表，供公众滑屏查看，可点击列表中的某个中山公园名称。

各个中山公园的详情页由文字介绍+园景园貌图片构成，供游客滑屏查看。

（图3.1-3）各园概览详情页

4. 园林特征

中山公园的园林特征，从造园风格、整体格局、空间布局、山形水系、园林建筑、园林植物等角度，以典型的封面图+园林特征角度为导引的方式，点击某个园林特征的封面图，进入该园林特征的详情页（图3.1-4）。

（图3.1-4）园林特征导航页

5. 科普展示

科普展示栏目以"中山公园知识我来挑战！"为主题，首先给出一个引导界面，激发游客的参与兴趣（图3.1-5）。

点击"开始挑战"按钮后，游戏主界面显示中山公园中具有典型特征的园景园貌

（图3.1-5）科普展示引导页

（图3.1-6）科普展示游戏主页

图片，下边显示公园的名称，公众将图片拖动至对应的公园名称中，系统会自动判断并提示匹配情况（图3.1-6）。

挑战过程中，系统会自动判断配对结果是否正确，并给出正确或错误的声音和提示图片（图3.1-7）。

挑战结束后，系统自动判断并给出成绩（图3.1-8）。游客可选择重新开始，系统重新抽取新的挑战内容。由于题目库中内容较多，每次随机抽取的并不相同，因而具有一定的挑战难度。

(图3.1-7) 配对正确提示

(图3.1-8) 科普展示游戏结果页

四、数字化展示效果实现

中山公园触摸屏数字化展示系统由前端数字化展示页面和后端管理系统两部分构成。

（一）数字化展示技术选型

系统采用jQuery、HTML5、Bootstrap以及服务器端JAVA技术相结合，采用B/S架构进行开发，后台框架使用SpringMVC、Spring、Mybatis相结合的模式与MySQL数据库进行业务数据交互处理，并部署到Tomcat应用服务器上进行运行。具体如下：

（1）前端：HTML5、jQuery、Bootstrap。

（2）后台：Spring 4.3.8、SpringMVC 4.3.8和Mybatis 3.4.4。

（3）web应用服务器：Tomcat 8。

（4）数据库：mysql 5.5。

1. 前端开发技术

中山公园研究成果数字化展示的媒介是触摸屏，也就是观众在触摸屏上通过手指与触摸屏产生交互。经综合考虑，采用HTML5+jQuery+Bootstrap前端开发技术。

（1）HTML5

HTML5对于用户来说，提高了用户体验，加强了视觉感受。HTML5技术对网页的功能进行扩展，用户不需要下载客户端或插件就能够观看视频、玩游戏，操作更加简单，用户体验更好。HTML5的视音频新技术解决了浏览器对Flash的支持问题。在视音频方面，性能表现比Flash要更好。网页表现方面，HTML5中的CSS3特效样式、Canvas的介入，不仅加强了网页的视觉效果，甚至能够使用户在网页当中看到三维立体特效。使用HTML5，代码更安全，可以将Web代码全部加密，本地应用解密后再运行，大大的提供了代码的安全性。

以往开发此类交互式程序，往往采用Flash技术。但是，采用Flash技术的前提是，要求数字化展示内容须尽量固定，一旦制作完毕后，往往难以修改、替换、补充数字化展示内容。与Flash相比，HTML 5则具备了更良好的兼容性，耗用更少的系统资源。作为一种页面构架，HTML5以更加友好亲切的姿态面向用户，而且以HTML 5+后端管理系统的开发模式，可以支持对数字化展示内容的动态修改和动态展示。

（2）jQuery

jQuery是一个快速、简洁的javaScript库，使用户能更方便地处理HTML documents、events，实现动画效果，并且方便地为网站提供AJAX交互。jQuery库有一条设计理念，就是"写得少，做得多"。其独特的选择器、链式的DOM操作方式、事件绑定机制、封装完善的AJAX使其在众多优秀的JavaScript库中脱颖而出，独树一帜。jQuery具有很强大的跨平台性，可以兼容多种核心的浏览器。目前，已经有一百多个插件来扩充jQuery的功能，使得jQuery能满足几乎所有客户端的脚本开发。

（3）Bootstrap

Bootstrap是目前很受欢迎的前端框架，基于HTML、CSS、JAVASCRIPT，是一个CSS/HTML框架，简洁灵活，使得Web开发更加快捷。Bootstrap提供了HTML和CSS规范，是由动态CSS语言Less写成。

Bootstrap中包含了丰富的Web组件，根据这些组件，可以快速搭建一个漂亮、功能完备的网站。其中包括以下组件：下拉菜单、按钮组、按钮下拉菜单、导航、导航条、路径导航、分页、排版、缩略图、警告对话框、进度条、媒体对象等。

2. 后端管理功能开发技术

后台框架使用SpringMVC、Spring、Mybatis相结合的模式，如图3.1-9所示。

（图3.1-9）后台框架示意图

（1）Spring

Spring是一个开源框架，是为了解决企业应用程序开发复杂性而创建的。框架的主要优势之一就是其分层架构，允许开发者选择使用组件，同时为J2EE应用程序开发提供集成的框架。

（2）Spring MVC

Spring MVC是使用Spring框架时可插入的MVC架构，提供了构建Web应用程序的全功能MVC模块。Spring MVC分离了控制器、模型对象、分派器以及处理程序对象的角色，这种分离让它们更容易进行定制。Spring的MVC框架主要由DispatcherServlet、处理器映射、处理器（控制器）、视图解析器和视图组成（图3.1-10）。

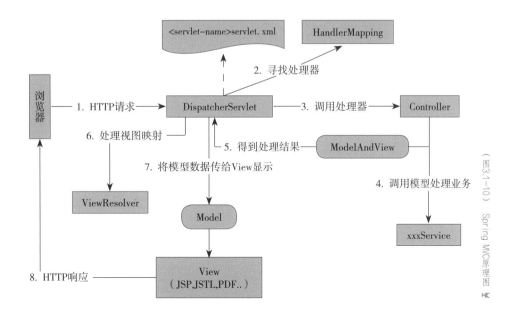

（图3.1-10）Spring MVC原理图

（3）MyBatis

MyBatis是一款优秀的持久层框架，它支持定制化SQL、存储过程以及高级映射。MyBatis避免了几乎所有的JDBC代码和手动设置参数以及获取结果集，可以使用简单的XML或注解来配置和映射原生信息，将接口和Java的POJOs（普通的Java对象）映射成数据库中的记录。

3. Web应用服务器

Tomcat服务器是一个免费的开放源代码的Web应用服务器，属于轻量级应用服务器，在中小型系统和并发访问用户不是很多的场合下被普遍使用。

4. 数据库

MySQL是一个跨平台数据库系统，一个真正的多用户、多线程的SQL数据库系统，同时是具有客户机/服务器体系结构的分布式数据库管理系统，其社区版免费。它具有功能强、安装简单、使用简便、管理方便、运行速度快、安全可靠性强等优点，用户可利用许多语言编写访问MySQL数据库的程序。MySQL的查询效率特别高，在进行简单的Select查询时速度非常快。MySQL在处理客户端连接时速度非常快，因此很适合于Web应用——如果需要同时处理上百个CGI的连接/断开请求，那么MySQL的快速连接会将系统运行效率提高很多。

（二）前端数字化交互核心流程

中山公园触摸屏前端数字化展示页面之间的跳转关系如图3.1–11所示。首页提供主题和各个栏目的入口，进入某个栏目后，查看和使用该栏目下的内容。各栏目主页中提供了固定的导航栏，可随时切换查看其他栏目。

（三）后端管理系统功能构成

为支撑前端数字化展示界面中对中山公园研究成果内容的动态展现，需要提供对应的后端管理功能，对要展现的中山公园研究成果内容进行动态管理。这是后端管理系统的核心功能，除此之外还需要系统管理下的各项基础功能。

根据数字化展现内容的构成特点，后端管理系统的功能构成如图3.1–12所示。

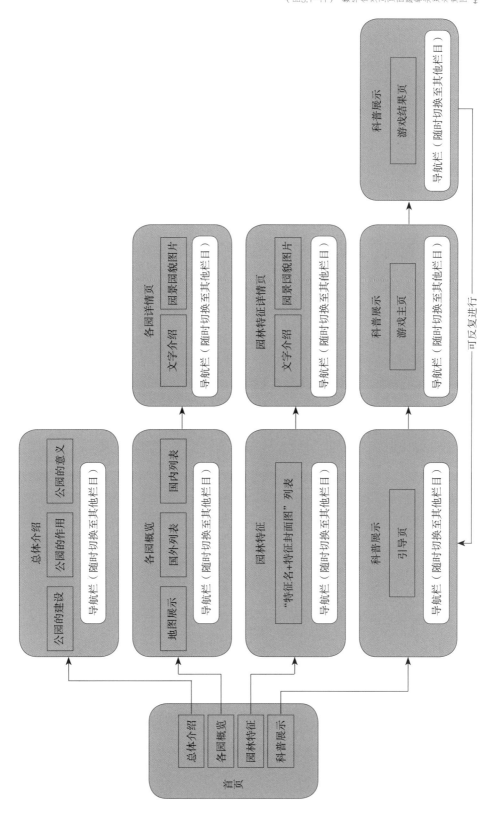

（图3.1-11）数字化交互页面跳转关系示意图

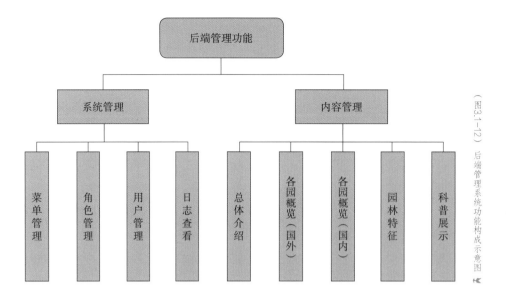

(图3.1-12) 后端管理系统功能构成示意图

1. 系统管理

    后端管理系统的基础支撑功能。

    菜单管理：对后端管理系统中各项菜单进行管理和维护。

    角色管理：对后端管理系统用户的角色进行管理和维护。

    用户管理：对后端管理系统用户账户进行管理和维护。

    日志查看：提供后端管理系统的用户操作日志。

2. 内容管理

    后端管理系统的核心功能是对前端数字化展示页面中的各栏目内容进行动态管理。由于各栏目的内容构成和前端展示方式均有差别，因此，针对每个栏目均设置相应的内容管理功能。

    总体介绍：对总体介绍栏目下的相关展示内容进行动态管理和维护。

    各园概览（国内）：对各园概览栏目下的国内中山公园的相关展示内容进行动态管理和维护，支持对地图坐标位置的录入和管理。

    各园概览（国外）：对各园概览栏目下的国外中山公园的相关展示内容进行动态管理和维护。

    园林特征：对园林特征栏目下的相关展示内容进行动态管理和维护。

    科普展示：对科普展示栏目下的游戏所涉内容进行动态管理和维护。

（四）前端交互界面的实现

根据设计的数字化展示效果，采用确定的开发技术，进行代码实现和测试。实现后的界面截图此处不再列举。

（五）后端管理功能的实现

1. 系统管理

（1）菜单管理

支持对后端管理系统中菜单的添加、修改、删除等功能。

（2）角色管理

支持对后端管理系统中系统角色的添加、修改、删除、权限设置等功能。

（3）用户管理

支持对后端管理系统中用户账户的添加、修改、删除、启用/禁用等功能。

（4）日志管理

支持对后端管理系统中用户日志信息进行查询、查看。

2. 内容管理

（1）总体介绍

对前端"总体介绍"栏目下的内容进行新增、删除、修改等操作。

（2）各园概览（国外）

对前端"各园概览"栏目下的国外中山公园的相关内容进行新增、删除、修改、上传图片、查看图片等操作。

（3）各园概览（国内）

对前端"各园概览"栏目下的国内中山公园的相关内容进行新增、删除、修改、上传图片、查看图片等操作。

（4）园林特征

对前端"园林特征"栏目下的内容进行新增、删除、修改、上传图片、查看图片等操作。

（5）科普展示

对前端"科普展示"栏目下的内容进行新增、删除、修改、上传图片、查看图片等操作。

（六）数字化展示系统部署

1. 触摸屏相关硬件设备参数

（1）计算机主机

处理器：Intel Core i5-3550 CPU@3.30GHz。

内存：4GB。

系统类型：32位操作系统。

笔和触摸：触控输入可用于32触摸点。

（2）显示屏

尺寸：154.5cm×86.8cm。

分辨率：1920×1080。

2. 运行环境

数据库：mysql5.5。

tomcat：8。

jdk：1.8。

浏览器：360最新版浏览器。

第二节
人民公园的数字化展示

人民公园的建设在我国现代园林发展史上具有里程碑的意义，园林内容和历史文化内涵丰富，有必要面向公众传播相关知识。为此从中挑选出适于在展厅面向公众展示传播的内容，将人民公园研究成果进行数字化展示。

一、数字化展示内容构成

经梳理，确定人民公园触摸屏数字化展示系统中展示内容构成如下。

1. 总体介绍

对人民公园进行总体介绍，包括人民公园的建设历程，了解人民公园的政治意义、历史意义、社会和文化意义。

2. 各园概览

我国有人民公园约200座，提供"按列表查看""按时间轴查看""按地图查看"3种浏览导航模式，各人民公园配有文字和图片，让公众了解各地人民公园的历史溯源、规划分区、园林特征等。

3. 总结展望

人民公园是中华人民共和国成立后人民当家做主的一种体现，具有明显的特点，同时，随着社会的不断发展变化而不断变迁。从人民公园的特点和发展两个角度进行了总结展望。

4. 科普互动

各地人民公园因所处地域的气候、地理环境、人文风俗、历史文化等不同，呈现出不同的主题特征及园林特征，选择具有较高可识别性，且富有特色的园林和文化要素，设计科普互动游戏，从人民公园题石、广场、纪念碑、雕塑、亭阁建筑、山水等照片中去辨识各人民公园的特征，达到寓教于乐的效果。

二、数字化展示设计原则

根据数字化展示内容，由介绍性文字和图片构成，各地人民公园的介绍性文字与图片匹配出现。由于各地人民公园具有地域分散分布的特点,前端数字化展示页面效果设计原则确定如下。

1. 有序性

根据数字化展示内容的固定架构,在转化为数字化展示栏目时,遵循原本的构架,有序设置栏目,即总体介绍、各园概览、总结展望、科普互动。

2. 交互性

各园概览提供"按列表查看""按时间轴查看""按地图查看"3种浏览导航模式。按列表查看,通过封面图+公园名称的方式进行直观展示,便于用户滑动图文列表进行选择查看。按时间轴查看则以人民公园的"开放年代"属性,以时间序列的方式展示各地人民公园的总体建设历程。按地图查看,通过地图方式展示,可以展现出人民公园的地域分布特性。

由于是触摸屏,操作方式与手机等操作方式更为接近,因此,将支持滑屏等方式进行内容的切换等。

3. 参与性

除了内容罗列展现外,为进一步增加公众的参与感,设置参与性的互动类小游戏,让公众在了解内容的基础上进一步发挥。选择的人民公园题石、广场、纪念碑、雕塑、亭阁建筑、山水等照片都是各人民公园中比较有特色的,有的是公园标志性景观,易于识别。通过选择搭配,提高趣味性,加深公众对内容的理解深度。

三、数字化展示界面设计效果

根据上述设计原则,前端数字化展示页面整体分为四大版块,各版块分别采用春、夏、秋、冬四个季节公园形态插画为背景,体现人民公园一年四季的美及服务于人民群众的主题。

1. 首页

首页是整个数字化展示系统前端网站的总体入口,将人民公园概括为"山水相映,花木葱茏,环境宜人,民众乐园",反映人民公园山水花木相映、生态环境宜人、文化活动乐园的特点。提供各栏目(总体介绍、各园概览、总结展望、科普互动)的点击入口,点击栏目名称进入详细栏目(图3.2-1)。

2. 总体介绍

人民公园的总体介绍,由公园总体介绍、公园建立、公园意义三部分内容构成,

（图3.2-1）人民公园首页

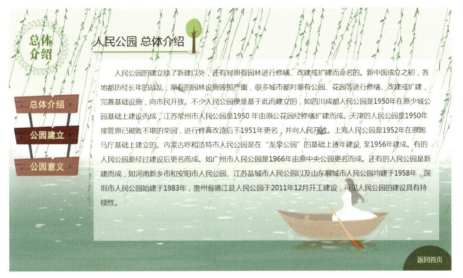

（图3.2-2）总体介绍——栏目页

采用选项卡的方式，进行不同部分文字内容的切换查看（图3.2-2）。

3. 各园概览

各园概览栏目中提供"按列表查看""按时间轴查看""按地图查看"3种浏览导航模式。

（1）按列表查看

以封面图+公园名称的方式进行排列，供用户上下滑动公园图文列表进行选择查看（图3.2-3）。

点击图文列表中的封面图或者公园名称，可进入关于该公园的详细介绍页面，左侧是文字介绍，右侧是与该公园有关的照片（图3.2-4）。

（2）按时间轴查看

以纵向时间轴的方式，以开放年代为时间序列，年代两侧显示公园的名称+简介、缩略图。点击文字或封面图均可进入该公园的详情页（图3.2-5）。

（图3.2-3）各园概览——按列表查看

（图3.2-4）各园概览——详情页

（图3.2-5）各园概览——按时间轴查看

（3）按地图查看

以地图的方式，展现国内人民公园的地理分布情况。地图支持缩放。选中地图上的红点，自动显示公园名称；点击红点，可以进入该公园的详情页。

4. 总结展望

总结展望栏目包括人民公园的特点和发展两部分内容。

人民公园的特点概括为位置优越、功能综合、风格各异、环境宜人、免费开放五项，采用折叠窗的方式，点击某项特点自动展开具体介绍内容（图3.2-6）。

点击"人民公园的发展"，显示人民公园发展的详情内容（图3.2-7）。

（图3.2-6）总结展望——人民公园的特点

（图3.2-7）总结展望——人民公园的发展

5. 科普互动

科普互动栏目提供人民公园知识互动，选择人民公园中特色性强的题刻、大门、山、水、建筑、雕塑、植物景观等要素，将具有某主题特征的公园景观图片与公园名称进行匹配，然后打分。以"人民公园知识我们来挑战！"为主题，首先给出一个引导界面，激发公众的参与兴趣（图3.2-8）。

点击引导页上的"开始挑战"按钮，进入科普互动答题界面（图3.2-9）。按住图片拖动至下方公园名称处，进行匹配。

（图3.2-8）科普互动——引导页

（图3.2-9）科普互动——互动主页

图片与公园名称匹配正确，系统给出正确提示（图3.2-10）。

图片与公园名称匹配错误，系统给出错误提示（图3.2-11）。

图片全部拖完后，系统给出分数（图3.2-12）。点击"重新开始"按钮，系统会自动随机提供新的主题进行互动。由于题库量大，每次的主题和内容都是随机出现的，互动选择题重复概率小，提高了挑战难度，每次都给人以新的体验。

（图3.2-10）科普互动——提示页（答题正确时）

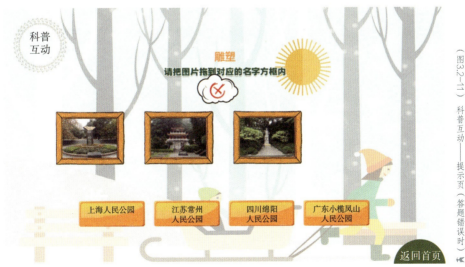

（图3.2-11）科普互动——提示页（答题错误时）

(图3.2-12)科普互动——互动结果页

四、数字化展示系统

人民公园触摸屏数字化展示系统由前端数字化展示页面和后端管理系统两部分构成，与中山公园的数字化展示系统相似。

人民公园触摸屏前端数字化展示页面之间的跳转关系如图3.2-13所示。首页提供主题和各个栏目的入口，进入某个栏目后，查看和使用该栏目下的内容。各栏目主页中提供了固定的导航栏，可随时切换查看其他栏目。

为支撑前端数字化展示界面中对人民公园研究成果内容的动态展现，需要提供对应的后端管理功能，对要展现的人民公园研究成果内容进行动态管理。这是后端管理系统的核心功能，除此之外还需要系统管理下的各项基础功能。

后端管理系统的功能构成如图3.2-14所示。

后端管理系统的核心功能是对前端数字化展示页面中的各栏目内容进行动态管理。由于各栏目的内容构成和前端展示方式均有差别，因此，针对每个栏目均设置相应的内容管理功能。

总体介绍：对总体介绍栏目下的相关展示内容进行动态管理和维护。

各园概览：对各园概览栏目下人民公园的相关展示内容进行动态管理和维护，支持对地图坐标位置的录入和管理。

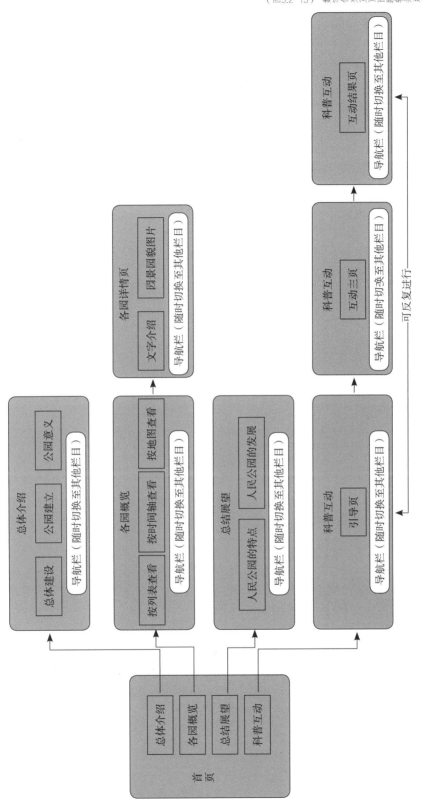

(图3.2-13) 数字化交互页面跳转关系示意图

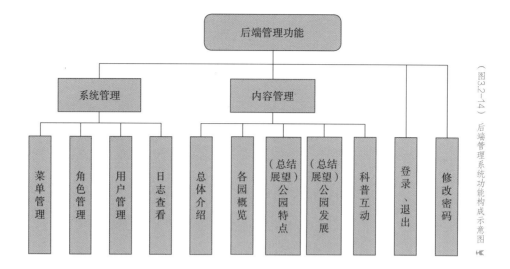

（图3.2-14）后端管理系统功能构成示意图

（总结展望）公园特点：对总结展望栏目下人民公园的特点相关展示内容进行动态管理和维护。

（总结展望）公园发展：对总结展望栏目下人民公园的发展相关展示内容进行动态管理和维护。

科普互动：对科普互动栏目下的互动功能所涉内容进行动态管理和维护。

数字化展示系统部署：

（1）计算机主机
处理器：不限。
内存：4GB。
系统类型：32位/64位操作系统。
笔和触摸：触控输入可用于32/64触摸点。

（2）显示屏
分辨率：1920×1080。

第三节

中山公园和人民公园的数据库建设

由于中山公园和人民公园数量较多,是中国近现代园林的典型代表,为此,对中山公园和人民公园的研究成果统一规范化处理后,录入中国近现代园林建设成果数据库,通过该数据库对应的前端网站进行专题展示。

一、中山公园和人民公园研究资料数据库建设

中山公园和人民公园研究资料数据库的建设包括数据采集、规范化处理、分类标引和入库展现的过程。

1. 数据采集

收集中山公园和人民公园的历史与现状、建设历程、建设情况、园林特征和文化等相关资料,包括实地调研资料,图书、地方志、年鉴等,期刊论文、学位论文、会议论文、报纸等,以及网络资源(图文资料、图片、音视频等)等。

2. 规范化处理和分类标引

对所收集的资源进行统一规范化处理,从资源载体类别(文字/图文资料、图片、音视频等)、资源所涉内容等角度,对收集到的资源进行分类标引。

3. 入库、展现

建设中山公园和人民公园研究基础资料数据库,将经过规范化处理、分类标引的数据统一录入至该数据库中,并提供统一查询界面(图3.3-1、图3.3-2)。

二、中山公园和人民公园建设成果专题展示

对中山公园和人民公园的研究成果(包括文字资料、图片、其他格式资料)进行规范化加工处理后,统一录入至中国近现代园林建设成果数据库中,并在该数据库对应前端网站中进行发布和展现。

中山公园和人民公园分别作为中国近现代园林的代表性公园进行单独专题展示,可点击各公园的图标直接进入,基础数据包括建设年代、面积、地址及地图位置,基

（图3.3-1）人民公园研究资料数据库内容专题展现网页——首页

（图3.3-2）人民公园研究资料数据库内容专题展现网页——搜索页

本内容包括历史脉络和现状两部分，历史脉络介绍各公园的发展历史，现状则介绍其规划分区和园林特征。与触摸屏展示内容类似。

也可从地图查询入口进入，从园林类型中选择中山公园或人民公园，便可查询出所有的中山公园或人民公园，点击某个公园，便能看到该公园的介绍和图片。地图可缩放，便于查询（图3.3-3、图3.3-4）。

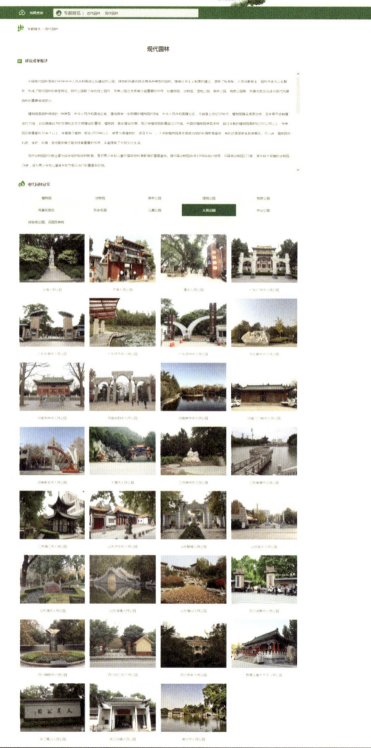

（图3.3-3）中国近现代园林建设成果数据库人民公园专题展示

天津人民公园

园林类型	现代园林—人民公园
近现代分类	现代
地址	天津市河西区友谊路29号
面积	13.3公顷
网址	网址1 网址2
创建年代	1863年

现状介绍

规划分区

人民公园分为东、南、西、北、中五个区，以园中一条环形河将五个区域自然分开。大小形状不一，各区域错落有致，但又相互联系，协调自然，错落有致。

休闲文化区：位于公园东部，设有展厅，为公园开展各种文化活动创造了条件。公园东南隅，保留了荣园的古建筑廊幽深，古朴壮观。

市民健身区：位于公园南部，有百鸟堂。水上游乐及沿湖游览区：位于公园西部，设有长廊、水榭、湖心亭、白石桥。中和城等建筑，沿岸护坡为自然山石，建有月季园、山石、湖水、植物有机结合，充分体现出中国山水园林的自然情趣。

儿童游乐区：位于公园北部，有欢乐飞船、脚踏车、水陆大战、太空球战、转马等游乐设施。

中部地区有老树林和海棠林，并建有"荣园园通廊"，曾是当年李家女经诵佛的同堂，经过修缮，东成了新的景观。

园林特征

天津人民公园的前身荣园仿杭州西湖园林而建，西北土山上建有中和塔，湖中心建水心亭、曲虹桥，环绕渠堤建有中和桥、枫亭、养静堂，东南网建廊过南廊，四周以墙垣为界。水景为特色，园内树木繁茂，曲水园环，颇饶逸趣。改造后增加了游乐、体验设施和场所，成为一处老幼咸宜的综合性公园。

历史脉络

天津人民公园位于天津市河西区中心地带，面积13.3公顷，其中水面3.3公顷，其前身为天津门盐商李春城的私家花园"荣园"，始建于清同治二年（1863年），解放后，李氏后裔李叔福将荣园献给国家，经过重新改造，1951年7月1日正式开放，更名为人民公园，1954年9月19日，毛泽东主席亲笔题写了园名，这是毛主席对我国公园的唯一题字。

（图3.3-4）中国近现代园林建设成果数据库单个公园展示示例

第四章 结语

CHAPTER FOUR

一、中山公园和人民公园的分布

现存的中山公园分布于国内18个省、市、自治区（包括香港、澳门、台湾），其中直辖市3个（北京、天津、上海），省和自治区政府所在城市8个（吉林长春、辽宁沈阳、宁夏银川、河北石家庄、山东济南、湖北武汉、浙江杭州、广东广州）。中山公园主要分布在东部沿海地区，以广东、广西和台湾等省分布较多，数量均超过10处。

人民公园分布于大陆30个省、市、自治区，除西藏和港、澳、台外，基本都建有人民公园，以广东、浙江、江苏、四川、山东、河南、河北、黑龙江、新疆等省、区的人民公园数量较多，数量都超过10处，内蒙古自治区的乌海市就有3座人民公园，分别位于海勃湾区、海南区和乌达区。现有人民公园的直辖市及省会城市有天津、上海、广州、南宁、海口、南昌、郑州、重庆、成都、西宁、乌鲁木齐等11座。可见人民公园的分布范围之广，影响力之大。

中山公园和人民公园在城市中具有重要的地位，天津、上海、广州、深圳、东莞等城市二者皆有，拥有中山公园或人民公园的城市数量就很多了。

中山公园由于消逝了不少，现存的数量和分布省、区均较人民公园要少，而且中山公园呈现东部多西部少的不均匀分布，人民公园则在全国分布相对较均匀，这与建园时的社会背景、经济状况密切相关。中山公园建设时，全国处于严重内忧外患的状态，军阀纷争，日本帝国主义入侵，国民经济落后，在西部地区无力建造众多的公园，且孙中山先生的主要活动区域在东部沿海地区，因此纪念孙中山先生的中山公园主要集中在东部地区。中华人民共和国成立后，生产力得到快速发展，社会经济状况明显改善，而且由于人民公园的普惠性，因而得以在全国各省、市、县加以建设，呈现相对均匀发展的趋势。

二、中山公园和人民公园的建设方式

中山公园和人民公园尽管建设年代不同，但其建设方式却有着很大的相似性。

一是建设初期由其他公园更名而成。中山公园是在1925年孙中山先生逝世后相继建立，当时革命大业尚未完成，社会经济还非常落后，因此将原有公园进行改造更名为中山公园是一项快速有效的方式，北京、天津、上海、青岛、济南、汉口、江阴等地的中山公园就是将原有的公园改名而成。人民公园在1949年中华人民共和国成立后陆续建立，由于历经战争的创伤，百废待兴，对原有的公园进行整治或将私有花园进行公有制改造后，更名为人民公园，也是一条有效途径，天津、重庆、成都、常州、乌鲁木齐等地的人民公园就是对原有的公园改名而成。

二是更名或改建前的园林往往是当地的名园，如济南中山公园最初为商埠公园，常州市人民公园和靖江市人民公园的前身均为该市第一个公园"公花园"。

三是政府兴建和改建。中山公园虽然有些是社会团体自发组织捐建的，但大多数仍是政府和军队主持，依靠公权建造的，人民公园则无一例外的都是政府投资兴建，体现社会主义制度的优越性和人民当家做主的面貌。

中山公园和人民公园的建设发展反映出社会价值取向。有些中山公园在社会变革中无可奈何地消失，后续得不到有效维护，因而衰败退出历史舞台。人民公园的总体数量虽然在上升，但有的也已更名或改为他用，值得关注和反思。

三、中山公园和人民公园的历史渊源

梳理中山公园和人民公园的名称变更，从中可以看出其历史渊源的复杂性，二者常有着割不断的密切联系。

第一类是随着中山公园的颓败，对公园进行改造后，更名为人民公园。如重庆人民公园最早为1926年建立的中央公园，抗战时期改名为中山公园，1950年更名为人民公园。乌鲁木齐人民公园最初为1912年的鉴湖公园，1918年改名为同乐公园，1933年称迪化第一公园，1944年改名为中山公园，20世纪50年代初更名为人民公园。海口人民公园原为20世纪30年代建设的中山公园，1952年更名为海口公园，1957年改名为海口人民公园。广东东莞市人民公园最早为1912年的盂山公园，1925年改名为中山公园，1956年更名为人民公园。江苏南通市启东人民公园最早为1928年建立的启东公园，1935年更名为中山公园，中华人民共和国成立后改名为人民公园。此外，天水市人民公园经历了城南公园、中山公园的陆续更名。

第二类是中山公园更名为人民公园，后又恢复中山公园名称。如济南中山公园最初为1904年建造的商埠公园，后称济南公园，1925年改名为中山公园，1951年改称人民公园，1986年11月12日，又恢复中山公园名称。汕头中山公园在1921年筹建时名为中央公园，1925年更改为中山公园，"文化大革命"期间改名为人民公园，后又恢复为中山公园。漳州中山公园最初为1918年的漳州第一公园，1926年更名为中山公园，"文化大革命"期间改名为人民公园，1979年进行公园修复后，又更名为中山公园。荆州市中山公园原为沙市中山公园，1933年兴建，1935年建成，1967年曾被更名为"人民公园"，1973年复为"中山公园"。东莞的石龙中山公园由石龙公园改名而来，"文化大革命"期间,更名为人民公园,后又恢复中山公园名称。

第三类是中山公园和人民公园均改为他名。如太原的文瀛公园最初即为1905年建立的文瀛公园,1928年改名为中山公园,1937年称新民公园,1945年更名为民众乐园,中华人民共和国成立后改名为人民公园,2009年恢复成最早的文瀛公园。保定市动物园源于1921年建立的城南公园,1928年更名为中山公园,1936年改为人民公园,荒废后1952年重建为人民公园,1995年更名为保定市动物园。浙江镇海中山公园在20世纪60年代更名为镇海人民公园,2002年改名为文化广场。

中山公园与人民公园的名称频繁变更,与其有着很强的政治性有关,反映了很多历史事件,如1925年孙中山先生逝世、1928年北伐战争胜利、1937年日本帝国主义入侵、1945年抗日战争胜利、1949年中华人民共和国成立等,以文瀛公园的名称变更最为典型。

四、中山公园和人民公园的特点

中山公园和人民公园分别代表中国近代和当代的园林建设成就,中国近代自1840年鸦片战争至1949年中华人民共和国成立,经历了109年的艰辛斗争,当代自1949年开始也走过了70余年的发展历程,可以说两类公园都承载了大量的历史记忆。

中山公园和人民公园的属性都是公园,都是对公众开放的供人们游览和活动的场所。只是中山公园的纪念性更强,尤其是对孙中山先生的纪念性。人民公园普惠性更强,基本是综合公园,功能更为多样,除了纪念和教育功能外,更多的是为市民提供休闲娱乐的活动空间。尤其是人民公园免费开放后,要承载大量的游人,因此在改造工程中都扩建了大面积的广场,供人们活动。

中山公园和人民公园与其他公园相比,具有更强的政治性地位。中山公园和人民公园内大都有政治性很强的纪念建筑,如纪念碑、知名人士的雕像等,是当地举办政治活动、群众集会和开展爱国主义教育的重要场所。

不少中山公园和人民公园是所在城市的第一座公园,具有里程碑的意义。漳州中山公园前身为漳州第一公园,青岛中山公园前身为青岛第一公园,武汉中山公园前身为汉口第一公园,惠州中山公园前身为惠州第一公园等。包头人民公园、通辽人民公园、焦作人民公园、景德镇人民公园等都是该城市兴建的第一座公园。

很多中山公园和人民公园都位于城市的中心区,地理位置重要。仅就名称来看,北京中山公园前身为中央公园,位于天安门西侧,北京城的中心位置。汕头中山公园位于市区中央,在1923年规划筹建时名为"中央公园",1925年为纪念孙中山先生改名为"中山公园"。重庆人民公园的前身也是中央公园,位于重庆老城区的中心。广州人民公园的名称历经"市立第一公园"(1918年)、"中央公园"(1926年),最后更名为"人民公园"(1966年),反映了其在历史、地理和社会政治等方面的重要性。

由于中山公园和人民公园在历史、地理和文化等方面较其他公园的优越性,从而在城市建设和人民社会生活中占有更为重要的地位,游人众多,人气更为旺盛。中山公园曾是人们经常游览的场所,更是当时群众集会的场所。人民公园内除了健身操、广场舞等活动外,还有英语角、相亲角等自发组织的活动,都反映了其在人们生活中的重要性。

五、中山公园和人民公园的展望

中山公园和人民公园是中国近现代园林的典型代表,体现了中国园林的建设成就,两类公园在全国都曾经有二三百座,承载了中国百余年的历史记忆,与人们的社会生活结下了不解之缘。

中山公园和人民公园自建立之日起,就成为人们游览、休憩和开展娱乐活动的场所,也是社会举办集体活动的良好场所。在新时代,随着人们对健康生活和美好生活的向往,中山公园和人民公园也应与时俱进,创新发展思路,通过改造、提升赢得发展,更好地服务社会和人民,打造成有历史、有文化、有记忆、有底蕴的经典园林。

一是要坚持以人民为中心的发展理念。中山公园和人民公园分别代表旧民主主义和新民主主义胜利的成果,是体现为公众服务的场所。中山公园表面上看是纪念孙中山先生,但孙中山先生提倡的天下为公和民族、民权、民生的"三民主义",都是为了赋予人民以权利,实际上是体现大众的、民主的公园。人民公园基本是免费对公众开放,体现了人民当家做主和为人民服务的思想。但随着社会的发展,人们对园林景观、生态环境、文化生活的要求越来越高,因此提高公园品质就成为能否满足人们需要的关键所在,不仅要考虑大客流的需求,也要兼顾小群体的意向。

二是要坚持公益服务的方向。中山公园和人民公园与其他主题公园有所不同,不仅在于其基本免费开放,而且由于其具有一定的政治性,需要承担很多社会公益服务功能,如结合时代特色,开展社会主义核心价值观教育、法制宣传、健康宣传等,有的还承担了防灾避险的功能等。人民公园基本是综合公园,功能更为多样,除了纪念和教育功能外,更多的是为市民提供休闲娱乐的活动空间。尤其是人民公园免费开放后,要承载大量的游人,因此在改造工程中都扩建了大面积的广场,供人们活动,但随之带来的便是绿地率降低，生态和景观环境下降，人们的游览体验下降，公园品质降低。因此，在规划改造时要综合考虑社会效益、生态效益和景观环境之间的关系，多建设林荫广场、林下停车场、林荫活动空间等。

三是要坚持特色引领。中山公园和人民公园均为综合公园，功能多样，容易出现同质化现象，百园一面，特色不明显。要充分利用中山公园和人民公园分布范围广、省市县村均有的特点，挖掘各自区域的历史文化内涵，便能形成各自的特色。内蒙古自治区丰镇人民公园的丰川大鼎雕塑，就兼具蒙古族和山西的文化内涵。安阳人民公园的大门，装饰古代的饕餮纹，表达出城市的历史文化韵味。

四是要形成经典园林。早期建设的中山公园和人民公园经过历史的沉淀，已经成为所在城市甚至国内园林的经典。上海中山公园前身为英国私人花园，位于上海租界内，园内保存下来的英式大草坪、大理石亭等具有明显的西方风格，现已形成了双湖环碧、石亭夕照、林苑耸秀、独木傲霜等十二景观。武汉中山公园内四顾轩和整齐规则式布置也呈现西方园林风格，棋盘山、湖心亭、茹冰等都是保存下来的经典景观。佛山中山公园保存了亦乐亭、精武会馆等建筑，且形成了香樟浓荫、湖光桥影、红岩飞瀑等景观。北京中山公园则一直保持着中国传统园林的风格。借鉴这些历史名园的成功发展经验，最重要的一条是保护和传承，中山公园处于西学东渐的变革时代，中西合璧的园林特征比较明显，保留下这些历史遗存就是成就，就形成了特色。人民公园在改造提升的过程中要切忌大拆大建，切忌大轴线、大广场、大雕塑的简单粗暴模式，一定要充分利用场地条件，因地制宜，保留"旧"物，留下文脉和记忆，才能形成经典。

五是要发掘文化底蕴。中山公园和人民公园与森林公园、湿地公园等其他公园相比，面积有限，生态效益也有限，其最大优势在于地理位置大多位于城市中心，游人量多，影响力大，社会效益大。在对游人服务方面不能简单停留在提供憩和活动空间，人们散散步、跳跳舞就走，而要充分发挥文化熏陶的作用，组织各种知识性、趣味性、参与性强的活动，提高市民的文化素质。目前不少中山公园和人民公园由于免费开放，有的地方政府甚至将其看作普通的公园绿地，市民在此举办自发性的活动，或者社会团体组织些集体活动，要充分挖掘公园的优势资源，自主开发花卉展和各种主题展览，提高公园的文化氛围，培养特色品牌活动，扩大公园文化的辐射力和影响力。

参考文献

[1] 北京中山公园. 中山公园[M]. 北京：团结出版社，2014.

[2] 陈进勇. 中山公园的继承和发展[J]. 中国园林，2018, 34（增刊）：39-43.

[3] 陈铭意. 重庆市人民公园综合改造规划方案[J]. 山西建筑，2009, 35（22）：349-350.

[4] 陈圣泓. 过去与现在的对话——江苏学政衙署遗址暨中山公园再生实践[J]. 风景园林，2012（4）：146-151.

[5] 陈晓彬. 汕头中山公园的保护与发展初探[J]. 广东园林，2007, 29（6）：60-62.

[6] 陈永宏. 浅析公园景观的空间设计手法——以深圳市人民公园为例[J]. 广东园林，2009, 31（4）：53-56.

[7] 陈蕴茜. 空间重组与孙中山崇拜：以民国时期中山公园为中心的考察[J]. 史林，2006（1）：1-18.

[8] 陈蕴茜. 作为现代性象征的中山公园[J]. 文化研究，2010（第10辑）：140-162.

[9] 崔蕾. 上海市中山公园改建和发展的原则与方向[J]. 林业勘查设计，2005（4）：32-34.

[10] 达婷，谢德灵. 汉口中山公园空间结构变迁思考[J]. 建筑与文化，2014（11）：156-158.

[11] 邓小慧，鲍戈平. 广州人民公园使用状况评价报告[J]. 中国园林，2006（5）：38-42.

[12] 丁旭光. 孙中山与近代广东社会[M]. 广州：广东人民出版社，1999.

[13] 方加宇，邵锋. 杭州中山公园植物景观调查与分析[J]. 浙江农业科学，2013（12）：1634-1639.

[14] 付开地. 把厦门中山公园建成近代历史文化公园初探[J]. 厦门科技，2009（6）：38-40.

[15] 顾建中，陈霞，张亚珍. 广东东莞市人民公园植物造景浅析[J]. 中国园艺文摘，2012（11）：107-108.

[16] 韩高路，林长釜. 自然生态现代——山东潍坊人民公园规划设计札记[J]. 美术大观，2007（4）：88-89.

[17] 何绿萍，陈宝全. 龙州中山公园[J]. 中国园林，1994, 10（2）：61-62.

[18] 洪金祥. 大钊公园景观赏析[J]. 中国园林，1994, 10（3）：13-15.

[19] 胡冬香. 广州人民公园景观浅析[J]. 华中建筑，2007, 25（7）：115-116.

[20] 黄多荣. 银川中山公园志[M]. 西安：山西摄影出版社，1994.

[21] 贾玲利，高洁. 论历史园林与城市绿地系统的有机整合——以成都历史园林为例[J]. 西部人居环境学刊，2016, 31（4）：102-106.

[22] 姜振鹏. 辉煌的历程——北京中山公园建园九十周年巡礼[J]. 北京园林，2004, 20（4）：48-51.

[23] 荆州市公园管理处. 沙市中山公园七十周年纪念（1935-2005）[M]. 2005.

[24] 蓝悦，任一涵，徐宁伟，包志毅. 嘉兴人民公园植物景观调查[J]. 福建林业科技，2015, 42（3）：210-213, 232.

[25] 李韩，刘华领，潘彦彬，周琦. 武汉市中山公园开放式管理问题探讨[J]. 规划师，2004, 20（2）：60-62.

[26] 李敏. 中国现代公园——发展与评价[M]. 北京：北京科学技术出版社，1987.

[27] 李霞. 浅谈开放式城市中心公园边界空间的处理——以绵阳市人民公园为例[J]. 现代农业

科学, 2008, 15（10）: 59-60, 73.

[28] 李祖豹, 汪霖, 韩玉林. 南昌市人民公园游憩品质的POE研究[J]. 黑龙江农业科学, 2013（10）: 86-89.

[29] 林炳任. 佛山市中山公园的建设及管理[J]. 广东园林, 1995（3）: 41, 28.

[30] 林涛, 林建载. 故园寻踪——漫话中山公园[M]. 厦门: 厦门大学出版社, 2014.

[31] 刘宏奇, 计燕. 绿珠耀花城——郑州市人民公园发展纪实[J]. 决策探索, 2010（12下）: 85-87.

[32] 刘庭风. 民国园林特征[J]. 建筑, 2005（2）: 42-47.

[33] 刘艳娟, 竺宏. 飞从荆州市中山公园改造规划谈孙中山文化载体[J]. 现代园林, 2014, 11（10）: 68-73.

[34] 刘媛, 姜秉辰, 杨宇辰. 民国时期北京中山公园社会功能初探[J]. 北京档案, 2015（4）: 56-58.

[35] 卢金荣. 公园免费开放后管理措施探讨——以济宁市人民公园为例[J]. 中国园艺文摘, 2012（8）: 57-58.

[36] 陆琦. 汕头中山公园[J]. 广东园林, 2009, 31（6）: 76-77.

[37] 陆咸顺. 人民公园植物景观改造构想[J]. 中国园林, 1994, 10（2）: 9-11, 14.

[38] 卢迎华. 人民公园[J]. 广西城市建设, 2013（1）: 31-34.

[39] 罗哲文, 曹南燕, 黄彬等. 中国名园[M]. 北京: 百花文艺出版社, 2005.

[40] 吕洁. 人民公园的历史文化与景观[M]//中国园林博物馆学刊5. 北京: 中国建材出版社, 2019.

[41] 牟礼忠. 望仙怀古（上）——南宁十大景观漫游[J]. 广西林业, 2007（3）: 56-57.

[42] 泉州市地方志编纂委员会. 泉州志（第一册卷四）[M]. 北京: 中国社会科学出版社.

[43] 上海园林志编纂委员会. 上海园林志[M]. 上海: 上海社会科学出版社, 2000.

[44] 沈钢, 江幼玲. 中国近代第一所博物馆南通博物苑[J]. 民主, 2009（5）: 39-41.

[45] 石少峰. 顺其自然的设计——中山公园改造工程启示[J]. 山东建筑工程学院学报, 2005, 20（1）: 16-19.

[46] 苏祖庆, 邓庆蓉, 陈芹. 浅析园林基本要素的实际应用——以绵阳市人民公园研究为例[J]. 现代园艺, 2012（13）: 53-54.

[47] 孙吉龙, 林建载. 中山公园博览[M]. 厦门: 厦门大学出版社, 2011.

[48] 孙敬华, 李淑芳. 呼和浩特市园林绿化调查研究[J]. 内蒙古农业科技, 2000（增刊）: 100-101.

[49] 孙永亮. 城市公园文化建设探讨——以乌鲁木齐市人民公园为例[J]. 新疆教育学院学报, 2014, 30（3）: 99-102.

[50] 唐世斌, 庞洁, 和太平, 崔勇. 南宁市人民公园植物造景特色[J]. 安徽农业科学, 2007, 35（18）: 5419-5421.

[51] 王冬青. 中山公园研究[J]. 中国园林, 2009, 25（8）: 89-93.

[52] 王建伟, 王瑶, 曹晓强. 新乡市人民公园景观分析与评价[J]. 河南科技学院学报（自然科学版）, 2011, 39（2）: 52-56.

[53] 王婧, 陈志宏. 厦门近代中山公园保护利用探析[J]. 华中建筑, 2012, 30（11）: 130-134.

[54] 王南, 刘长利, 姚瑜. 设计探索——铁岭市人民公园规划设计[J]. 中国园林, 1997, 13（3）: 14-16.

[55] 王兴. 珠海市香洲区人民公园规划设计[J]. 广东园林, 2007, 29（4）: 15-17.

[56] 王奕楠，吕靖. 紧握文化的脉络深呼吸——浅析郑州市人民公园文化兴园之路[J]. 园林经营管理，2015（增刊01）：119-123.

[57] 邬洪. "拿山园"的解读与传承——太仓市人民公园改造设计[J]. 林业科技开发，2012，26（3）：129-133.

[58] 吴汝新，王燕，周志华，贾飞. 廊坊市人民公园规划设计[J]. 中国园林，1997，13（6）：52-54.

[59] 夏春华，张玄兵，张雪莲. 海口人民公园的发展探讨[J]. 华南热带农业大学学报，2004，10（2）：80-83.

[60] 辛艳，付丛丛，于守超. 聊城市人民公园使用状况评价研究[J]. 山西建筑，2016，42（5）：222-224.

[61] 徐涛，李丽. 成都市人民公园植物景观构成的研究[J]. 四川建筑，2010，30（4）：15-16.

[62] 徐文斐，王晖. 山东省青岛市中山公园规划布局及植物配置的调查研究[J]. 北京农业，2011（6下）：59-61.

[63] 徐张飞，林凌. 常州市人民公园扩建改造的效果[J]. 农技服务，2009，26（6）：62-63.

[64] 杨立新，刘尧，高阳，刘飞鸿. 沈阳市中山公园纪念性景观综合评价[J]. 沈阳农业大学学报（社会科学版），2011-01，13（1），105 107.

[65] 尹庆华. 百年沧桑再创辉煌——上海中山公园景观改造建设的思考[J]. 城市道桥与防洪，2012（8）：355-358，361.

[66] 雍东格. 我国中山公园发展探讨[J]. 林业勘察设计（福建），2007（2）：131-133.

[67] 余艳芳，周贱平，陈秀婷. 佛山中山公园植物造景的现状及其改进[J]. 中山大学学报论丛，2002，22（3）：52-57.

[68] 岳艳萍，王策. 开放式公园绿地游人行为探析——以乌鲁木齐市人民公园为例[J]. 湖北林业科技，2008（3）：60-63.

[69] 张满. 消失的中山公园探析[M]//中国园林博物馆学刊5. 北京：中国建材出版社，2019.

[70] 张天洁，李泽. 从传统私家园林到近代城市公园——汉口中山公园（1928年~1938年）[J]. 华中建筑，2006，24（10）：177-181.

[71] 张文杰，屈培源，张文博. 城市公园的"近自然"模式改造——以新乡市人民公园为例[J]. 西北林学院学报，2010，25（1）：181-184.

[72] 张锡光. 中山纪念亭重修方案构想[J]. 广东园林，1990（3）：25.

[73] 漳州市地方志编纂委员会. 漳州志（第一册卷四）[M]. 北京：中国社会科学出版社.

[74] 诏安地方志编纂委员会. 诏安县志[M]. 北京：方志出版社，1999.

[75] 赵可. 少城公园的辟设与近代成都[J]. 成都大学学报（社科版），1999（2）：37-40.

[76] 赵纪军. 中国现代园林历史与理论研究[M]. 南京：东南大学出版社，2014.

[77] 中国中山公园联谊会. 中国中山公园[M]. 2004.

[78] 中山市地方志办公室. 香山设县850年[M]. 广州：广东人民出版社，2003.

[79] 周士琦. 中山堂与孙中山纪念展[J]. 北京政协，1996（12）：10-11.

[80] 朱锋，李红梅. 体现侨乡文化特色的公园景观改造——以广东开平市人民公园为例[J]. 中国园艺文摘，2013（5）：137-138.

[81] 朱钧珍. 中国近代园林史上篇[M]. 北京：中国建筑工业出版社，2012.

[82] 朱钧珍. 中国近代园林史下篇[M]. 北京：中国建筑工业出版社，2019.

REFERENCES

图书在版编目（CIP）数据

时代公园的印记：中山公园和人民公园的历史变迁=THE IMPRESSION OF HISTORICAL PARKS THE HISTORICAL CHANGE OF ZHONGSHAN PARK AND RENMIN PARK / 中国园林博物馆编著. -- 北京：中国建筑工业出版社，2020.12

ISBN 978-7-112-25644-0

Ⅰ.①时… Ⅱ.①中… Ⅲ.①公园—建筑史—研究—中国 Ⅳ.①K928.73

中国版本图书馆CIP数据核字（2020）第237352号

责任编辑：杜　洁　兰丽婷
书籍设计：韩蒙恩
责任校对：张　颖

时代公园的印记　中山公园和人民公园的历史变迁
THE IMPRESSION OF HISTORICAL PARKS
THE HISTORICAL CHANGE OF ZHONGSHAN PARK AND RENMIN PARK
中国园林博物馆　编著

*

中国建筑工业出版社出版、发行（北京海淀三里河路9号）
各地新华书店、建筑书店经销
北京锋尚制版有限公司制版
天津图文方嘉印刷有限公司印刷

*

开本：787毫米×1092毫米　1/16　印张：16　插页：4　字数：350千字
2021年1月第一版　　2021年1月第一次印刷
定价：**149.00元**
ISBN 978-7-112-25644-0
（36711）

版权所有　翻印必究
如有印装质量问题，可寄本社图书出版中心退换
（邮政编码100037）